꽃산 두레

현 대 수 필 가 1 0 0 인 선 II · 97

꽃산 두레

양희용(일섶) 수필선

수필과비평사 · 좋은수필사

■책머리에

수필은 누구나 부담 없이 읽고, 마음만 먹으면 직접 쓸 수도 있는 가장 친근한 문학이다. 다른 영역의 문학이 영상매체에 밀려 신음하고 있는 중에도 수필 인구만은 날로 증가하여 바야흐로 수필 전성시대를 구가하고 있는 이유도 거기에 있을 것이다.

시대적 추세에 힘입어 수많은 수필전문지, 수필동인지가 창간되고, 이에 비례하여 신진 수필가도 날로 늘어나다 보니 이제는 그 많은 작가, 그 많은 작품 중에서 문학성 높은 작품을 가려 읽는 일이 쉽지 않게 되었다. 이런 현상은 작가에게나 독자에게나 결코 바람직한 일이 아니다. 더 나아가서는 수필을 연구하는 후세들에게도 큰 부담이 될 것이다.

이런 문제를 해결하는 데는 출판인도 마땅히 한몫을 감당해야 한다는 평소의 소신에 따라, 본사가 기꺼이 그 역할을 맡기로 했다. 그 첫 번째 사업으로 시대를 대표할 만한 수필가 100인을 선정하고, 작가가 자선한 40편 내외의 작품을 수록한 문고본을 발간하여 이를 널리 보급함으로써 그 소임을 다하고자 한다.

본사는 사명감을 가지고 이 사업을 추진해 나가기로 했다. 작가 선정을 전담할 편집위원회를 구성하고 전권을 위임하여 일체의 사적인 정실이나 청탁을 배제함으로써 전문성과 공정성을 확보해 나갈 것이다.

따라서 이 기획물 속에는 작가의 문학정신뿐만 아니라, 본사의 문학사적 기여 의지와 편집위원 제위의 수필문학에 대한 애정과 문인으로서의 양심이 함께 담겨 있음을 자부한다. 다만, 작가를 선정하는 기준에는 많은 견해의 차이가 있을 수 있고, 선정 과정에서도 미처 챙기지 못한 부분이 있을 것이라는 사실만은 인정하지 않을 수 없다. 이 점에 대해서는 관계자 여러분의 양해 있으시기 바란다.

이 시리즈의 발간 순서는 작가, 또는 본사의 사정에 의한 것일 뿐 그 밖의 어떤 기준도 적용하지 않았음을 밝힌다.

본 기획물이 시대를 초월한 많은 수필 애호가들의 관심과 애정 속에 우리나라 수필문학 발전에 한 이정표가 되기를 바랄 뿐이다.

본사에서는 이상과 같은 취지로 ≪현대수필가 100인선≫ 전 100권을 완간하여 큰 반향을 불러일으킨 바 있다.

그러나 우리 수필문단의 규모나 수필문학의 수준에 비추어 선정 작가를 100인으로 한정하는 것은 형평성이나 효율성 면에서 크게 부족하다는 의견이 많았고, 본사 또한 이를 통감하던 터라 기꺼이 ≪현대수필가 100인선Ⅱ≫를 발간하기로 했다.

본사의 충정에 찬동하여 출판에 응해주신 저자 여러분에게 진심으로 감사한다.

2024년 5월 15일

수필과비평사 · 좋은수필사 발행인 서 정 환

현대수필가 100인선 간행 편집위원 박 재 식 최 병 호

정 진 권 강 호 형

오 세 윤

| 차례 |

현대수필가100인선Ⅱ · 96

1_부 꽃놀이패

2_부 산복도로 계단

3_부 두루미를 날려 보내며

4_부 레시피 없는 요리 수필 된장찌개

십문칠 •

1 VS 2 •

쎄시봉 공연 •

오어사동종 •

꽃놀이패 •

장미 한 송이 •

지심도에 가고 싶다 •

400원의 아쉬움 •

타향살이 •

나의 첩妾 •

십문칠

어머니는 큰 것을 좋아하셨다. 적어도 3년 정도 입고 신을 정도의 큰 치수를 사서 나에게 주셨다. 바지의 기장은 길어서 두 번 접어야 했다. 티셔츠와 잠바의 소매는 항상 가운뎃손가락 끝을 덮고도 남았다. 검정 고무신도 딱 맞게 신었던 기억은 없다. 최소한 0.5㎝ 이상 큰 것을 신었다. 일이 년이 지나 나의 신체는 크게 되었지만, 그것들은 이미 너덜너덜해서 더는 착용할 수 없었다.

신발 치수를 현재는 'mm' 단위로 계산한다. 내가 초등학교 다니던 1960~70년대에는 '문文' 단위로 크기를 정했다. 1문은 약 2.4㎝다. 당시 성인 남자들이 신발을 구매할 때 '십문칠(10문7, 대략 255㎜ 정도)'을 선택하면 대충 다 맞았다. 그런 이유로 '십문칠'이 '잘 맞다'는 경상도 사람들의 사투리로 발전했다. 신발이 아니더라도 크기나 길이가 맞으면 '십문칠'이라고 말했다. "이 물건이 장롱 옆에 들어가겠나?" "딱 맞네 예. 십문칠입니더." 지금은 거의 사용하지 않는다. 나도 이 용어를 사용한 지 20년은 훨씬 넘은 것 같다.

초등학교 6학년으로 진급하기 전 나의 신발 크기는 '10문5(약 250㎜)'에서 조금 모자랐다. 노는 게 바빠서 신발 크기에 그렇게 신경을 쓰지 않았다. 달리기할 때 그냥 맨발로 뛰어도 아무 이상이 없었다. 5학년 춘계방학을 시작할 무렵, 신발 바닥이 닳아 구멍이 두세 군데 나 있는 고무신을 신었다. 길을 걸어가면 신발 속에 들어온 모래와 작은 자갈이 발바닥을 아프게 만들었다. 그 정도는 참고 견뎌야 했다. 힘들고 바쁘게 장사하시는 어머니에게 울고불고 떼를 쓸 형편이 아니었다.

춘계방학 마지막 날. 어머니가 노점 장사를 하고 계시는 가게에 들렀다.

"시장 갔다 옴시로 새 신발 하나 샀다. 내일부터 6학년이라고. 맞는지 신어봐라."

입이 귀에 걸린 채 헌 신발을 벗고 생고무 냄새가 코를 찌르는 새 신발을 급하게 신었다. 신발이 헐렁했다. 밑바닥에 적힌 문수를 보니 십문칠이었다.

"어무이, 와 이리 큰 걸 샀는교?"

"크나? 신발집 사장이 우리나라 남자들은 십문칠을 신으모다 맞다카더라. 그래서 그냥 십문칠을 사왔능기라. 니도 인자 다 컸다 아이가. 몬신겠나?"

"꼭 그렁거는 아이고…."

"신발이 크모 내일 시장 감시로 작은 걸로 바까오꾸마."

"아이다. 됐어요. 어무이 말대로 발은 금세 커진다 아인교."

내일 개학식 날, 새 신발은 신고가야겠다는 욕심에 나는 그냥 신겠다고 말했다.

"이 보이소. 별로 안 크다 아입니꺼."

나는 발뒤꿈치가 고무신의 끝부분에 닿을 수 있도록 발을 꼼지락거렸다. 그날부터 검정 고무신을 슬리퍼처럼 끌고 다녔다.

3월 말, 화창한 토요일 오후. 동네 친구들과 함께 바닷가에 갔다. 어시장과 고깃배, 얼음 공장을 구경하고 바닷물이 빠져나간 갯벌에서 놀았다. 조그만 게들이 구멍을 파고 들락거리는 것이 신기하고 재미있었다. 친구들처럼 봉지를 주워 게를 잡아 담았다. 발보다 큰 고무신이 갯벌에 빠져 활동하기 불편했다. 신발을 바닷물로 깨끗하게 씻어 방파제 위에 올려놓고 다시 게를 잡았다. '어머니가 좋아하실 거야. 반찬을 해 먹으면 맛있겠지.' 두 손바닥에 넘칠 정도의 게를 잡았다. 친구들이 집으로 가자고 재촉했다. 발을 대충 씻고 방파제로 나왔다.

신발이 없어졌다. 가슴이 철렁했다. 주변을 샅샅이 훑었지만 보이지 않았다. 한참을 멍하니 앉아 누군가 다시 들고 오기

만을 기다렸다. 무정한 친구들은 하나, 둘 집으로 돌아갔다. 갯벌 위로 밀려오는 파도는 내 신발이 남긴 흔적을 서서히 지우기 시작했고, 서쪽 하늘의 붉은 노을은 스러져 가고 있었다.

뱃속에서 들려오는 '꼬르륵꼬르륵' 소리는 패잔병에게 후퇴를 종용하는 나팔 소리처럼 들려왔다. 작은 것을 얻고 큰 것을 잃은 채 발길을 돌려야만 했다. 봉지를 들고 고개를 떨군 채 걸었다. 발은 아프지 않았지만, 한없이 무거웠다. 어머니가 작은 신발로 바꾸어 주겠다던 그 말을 들었어야 했는데.

게를 담은 봉지를 어머니 옆에 놓고 머리를 숙였다. 어머니는 눈을 크게 뜨고 나의 꼬락서니를 살펴보시다가 발끝에서 시선이 멈추었다.

"끼새끼, 이거 못 묵고 죽은 조상이 있더나? 와? 무울기 없더나?"

어머니는 까만 봉지를 뒤집어, 내가 잡아 온 게를 땅바닥에 쏟아부었다. 나는 아무 말 없이 가게 옆 전봇대에 기댄 채 닭똥 같은 눈물만 뚝 뚝 뚝 흘렸다.

"시간 나모 애미 장사하는 거 좀 도와 달라 그랬제?"

어머니는 못마땅한 표정을 지으며 성냥불을 켜서 카바이드등에 불을 붙였다. 미세한 바람에 흔들리는 불빛은 나를 더욱 서럽게 만들었다. 어머니는 한숨을 크게 내쉬며 먼지떨이를 들고 좌판 위에 죄 없는 과일만 두들겼다. 가슴이 아팠다.

갑갑하게 갇혀 있던 게들은 자유를 찾아 사방으로 돌아다녔다. 어떤 놈은 내 발에서 나는 냄새를 맡으며 발등으로 기어 올라왔다. 나도 어머니 품에 안겨 한없이 울고 싶었다. “숙제 없나? 집에 가거라.” 어머니는 손님을 맞으며 용서를 해주셨다. 나는 더욱 흐느꼈다. 희미하게 보이는 어머니의 주름진 얼굴을 보면서.

사방으로 돌아다니는 게를 주섬주섬 봉지에 담아 집으로 가면서 생각했다. 백번 내가 잘못했지만, 어머니가 내 마음을 눈곱만큼이라도 헤아려 주셨으면 좋겠는데….

지금 내가 신고 다니는 신발은 십문칠이다.

1 VS 2

1은 1등이고 하나입니다. 2는 2등이고 두 개입니다. 서로 이웃사촌이지만 그렇게 친하게 지내지는 않습니다. 1은 2를 '부자'라고 부르면서 부러워합니다. 2는 1을 '일등'이라 부르면서 부러워합니다. 서로의 부족함을 채우기 위해 1은 2를 향해, 2는 1을 향해 매일 밤낮없이 달려야 합니다. 우리 사회와 부모님들이 무조건 앞만 보고 전진하는 것을 좋아하기 때문입니다.

부모님들은 1에게 말합니다. 하나보다는 두 개가 좋다. 집이 한 채 있는 것보다 두 채가 좋고, 현금을 1억 가진 것보다 2억을 가진 것이 훨씬 좋다고. 많이 가질수록 행복하다는 것만 강조합니다. 목표를 달성하기 위한 힘든 과정과 파도처럼 밀려오는 스트레스는 말하지 않습니다.

부모님들은 2에게 말합니다. 2등보다 1등이 좋다. 우리가 사는 사회는 1등만 살아남을 수 있지, 2등은 존재할 가치가 없다고 말합니다. 1등만이 원하는 것을 가질 수 있고 세상을 지배할 수 있다고 강조합니다. 1등으로 가는 길과 1등을 지키기 위한 고통과 외로움은 말하지 않습니다.

자식들은 그것을 인생의 목표로 삼고 열심히 달렸습니다. 목표를 달성하지 못한 채 나이 50을 넘기면서 그것이 인간다운 삶이 아니라는 것을 깨닫게 됩니다. 그래도 부모님에게 들었던 똑같은 말을 자식들에게 강요하고 있습니다.

우리 사회는 존경합니다. 1을 2로 만든 사람을, 2를 1로 만든 사람을. 그들은 목표를 달성하기 위해 흘렸던 피나는 고통을 보상받을 수 있지만 따뜻한 인간미는 회복할 수 없을 것입니다. 1이 되지 않더라도, 2가 되지 않더라도 인간답게 사는 것보다 중요한 것은 없습니다. 서로의 가치관은 다르겠지만 그래도 우리는 인간입니다.

'스프링벅'이라는 아프리카 산양은 한가롭게 풀을 뜯다가 무리가 많아지면 서로 앞으로 나갑니다. 자신이 먹을 풀을 찾기 위해. 갑자기 한 마리가 앞으로 나가기 위해 달리면 뒤따라오던 양들도 덩달아 달립니다. 나머지 양들은 이유도 모르고 달립니다. 전체가 달립니다. 풀을 뜯기 위해 달린다는 생각은 잊은 채 누군가 자신들을 잡으러 온다는 공포감에 휩싸여 무조건 빠르게 달립니다. 더는 달릴 수 없는 절벽을 만납니다. 속도를 멈출 수 없는 '스프링벅'은 결국 절벽 아래 바다로 떨어져 대부분 죽음을 맞이합니다.

우리도 본래의 목적과 꿈을 잊은 채 무조건 달리는 것은 아닌지. 한 번쯤 현재에서 멈추고 뒤돌아보는 여유를 가져야 합니다. 우리는 스프링벅이 아닌 인간입니다. 1과 2가 앞만 보고 계속 달리면 스프링벅처럼 결괏값이 '0'이 되지나 않을까 걱정입니다.

쎄시봉 공연

'쎄시봉(C'est si bon)'은 1970년대 서울 무교동에 있었던 유명한 음악감상실 이름이다. '훌륭한, 아주 멋진'이란 뜻으로 프랑스의 샹송 제목에서 가져온 말이다. 봄꽃 축제가 한참 열리는 4월의 주말. 부산 벡스코 오디토리움에서 열린 '쎄시봉 공연'을 관람했다. 관객 중에는 삼사십 대도 적잖게 눈에 띄었지만, 오륙십 대가 대부분이었다. 바쁘고 정신없이 돌아가는 디지털 세상에서 잠시 벗어나 아날로그의 정서와 기분을 함께 공감할 수 있는 무대였다.

1970~80년대 우리가 좋아했던 노래가 솔로와 합창으로 이어졌다. 진행은 이상벽이 맡았다. 아쉽게도 내가 제일 좋아하는 송창식은 오지 않았다. 김세환, 윤형주, 조영남이 각자의

히트곡 〈사랑하는 마음〉, 〈우리들의 이야기〉, 〈딜라일라〉 등을 차례로 불렀다. 이상벽의 구성진 입담, 김세환의 깔끔한 외모와 매너, 윤형주가 직접 만든 추억의 CM송 따라 부르기, 두 번의 이혼 경력을 자랑하는 조영남의 활기찬 공연. 제일 앞좌석에서 관람하는 나는 무대 속으로 빨려 들어가 정신을 차릴 수 없었다.

모든 관중은 손뼉을 치며 노래를 따라 불렀다. 학창시절로 돌아가 추억의 운동장에서 그리운 사람들과 한바탕 웃으면서 목청껏 소리 질렀다. 가끔은 일어서서 몸을 흔들었다. 모든 근심거리를 잊고 새로운 활력을 찾을 수 있었던 소중한 시간이었다. 추억은 가장 좋은 음식이고 보약이라는 것을 공연을 보면서 새삼 깨달았다.

사실 1970, 80년대를 풍미했던 추억의 가수들은 쎄시봉 이외에도 수없이 많다. 김정호, 김현식, 서유석, 양희은, 이장희, 전영록, 최백호, 등등. 다만 그들은 고인이 되었거나 활동을 하고 있지 않을 뿐이다. 그래도 그들은 현재 중년을 달리고 있는 많은 사람에게 꿈과 희망을 심어준 감사한 사람들이다.

나도 누구 못지않게 그들을 좋아했던 세대다. 고교 시절 공부를 하기 위해서가 아니라, 〈별이 빛나는 밤에〉, 〈밤을 잊은 그대에게〉 같은 라디오 프로를 듣기 위해 밤잠을 설친 적이 많았다. 예쁜 엽서를 만들어 신청곡도 몇 번 보냈다. 이제나저제나 신청곡이 나올까 기다리며 가슴 조이던 시절. 지금 생각하면 쓸데없는 짓거리였지만 당시에는 그것이 크나큰 행복이었다.

대입 재수를 하면서 외곽 지역에 있는 음악다방에서 DJ 알바를 한 달 정도 했다. 나름 장발에 도끼빗을 꼽고, 유연한 손놀림으로 LP판을 뽑으면서 손님들의 신청곡을 찾아내었다. 가볍고 부드러운 멘트와 함께 볼륨의 강약을 조절하면서 음악을 내보냈다. 대학 다니는 친구들, 처음 보는 젊은 남녀들이 부러움과 선망의 대상으로 나를 바라보았다. 나 자신이 너무너무 자랑스럽고 대단하다고 생각했다. 자다가도 웃음을 짓게 만드는 추억 중에 하나다. 그래도 친구들은 가끔 그 이야기를 하면서 좋아한다.

윤형주는 〈두 개의 작은 별〉이라는 노래를 부르기 전, 자신과 재종형제 간인 시인 윤동주에 관해서 잠깐 언급했다.

"그 형은 별을 무척 좋아했다고 합니다. 일본 후쿠오카 형무소에서 생체실험용 생리식염수 주사를 맞고 숨을 거두었습니다. 시신을 수습하기 위해 당숙과 저희 아버지가 일본으로 건너갔습니다. 형이 돌아가신 지 열흘 만에 겨우 시체를 찾았습니다. 시신을 고향에 묻기 위해 배를 타고 부산에 도착했고, 다시 기차를 타고 만주 연변까지 운반하는 데 오랜 시간이 걸렸습니다. 연변에 도착하여 관을 열어보니 윤동주 시인은 뼈만 앙상하게 남아 있었다고 합니다."

이야기를 들으면서 나도 모르게 눈가에 눈물이 고였다. 잠시 후 한 줄기가 볼을 타고 주르륵 흘러내렸다. 행여 주변 사람들이 눈치채지나 않을까 하는 창피함에 손을 얼굴에 가져갈 수 없었다. 눈물을 머금은 채 〈두 개의 작은 별〉을 힘차게 따라 부르면서 두 손을 흔들었다.

집으로 오면서 생각했다. 즐겁고 흥겨운 장소에서 나는 왜 눈물을 흘렸을까. 나는 평소 애국심이나 국가관이 투철한 사람이 아니다. 윤동주의 국가를 사랑하는 마음. 생체실험용 주사를 맞았을 때의 고통과 서서히 엄습해 오는 죽음의 공포. 그 고초 속에서도 조선총독부에 대한 비판과 자아 성찰을 소재로 끝까지 시를 쓴 작가 정신. 아들의 시신을 고향까지 운반하면서 느꼈을 아버지의 비통함.

나는 그렇게 할 수 없다. 하찮은 수필 몇 편 적고 어깨를 우쭐대고 있다. 윤동주의 삶은 나에게 가슴이 찢어지는 충격으로 다가왔다. 자기중심적 사고방식에 자리 잡은 이기적이고 비열한 마음이 부끄러움의 결정체를 만들었을 것이다.

1970~80년대는 내가 중고등학교와 대학을 다녔고, 33개월의 군대 생활을 했던 시절이다. 젊은 청년들이 국가의 미래를 걱정할 때, 나는 음악을 좋아했다. 민주주의와 자유, 데모라는 단어는 나의 관심 밖이었다. 오히려 색안경을 끼고 그들을 바라보았다. 대중가요나 팝송을 하나 더 아는 것이 그저 자랑스러웠다.

돌이켜 생각해보면 조금 부끄럽기도 하다. 윤동주처럼은 아니더라도, 적극적으로 참여하지는 못하더라도 손 하나, 발 하나 정도는 그들의 마음에 담글 수 있어야 했는데…. 지나간 시간은 다시 돌아오지 않는다.

이제 나이 들어가면서 내가 할 수 있는 일은 글을 쓰는 것밖에 없다. 그렇다고 멋진 글을 쓸 수 있는 능력이 있는 것도 아니다. 작은 것을 사랑하고, 쓰러진 것을 세워주고, 버려진 것을 보듬어 주는 마음으로 글을 써야겠다. 누군가에게 삶의 의미를 부여할 수 있으면 좋겠다. 쎄시봉이 우리에게 꿈과 희망을 심어준 것처럼.

쎄시봉 공연은 광활한 글밭에서 헤매고 있는 나에게 방향키를 던져주었다.

오어사동종

작년 늦가을. 공장을 운영하는 동서에게서 전화가 왔다. 당일 코스로 바람이나 쐬러 가자는 요청이다. 표현은 안 하지만 무슨 고민이 있는 듯한 목소리다. 평소 지인들과의 여행을 좋아하는 나는 흔쾌히 응했다. 부산에서 적당한 거리에 있으면서 곱게 물든 단풍과 아름다운 풍경을 구경할 수 있는 사찰을 떠올려 보았다. 오래전에 간 적이 있는 포항의 '운제산 오어사吾魚寺'를 최종 목적지로 정했다. 불자가 아닌 일반인들도 힐링을 위해 많이 찾는 사찰이라는 점이 마음을 끌어당겼다.

바다를 보면서 국도를 따라 올라갔다. 도로변 가까이에 있는 골굴사와 기림사를 방문하면서 오어사는 생각지도 않은 삼사 순례의 종착지가 되었다. 대웅전의 창살문을 나오는 보살들의 얼굴에 미소가 가득하다. 무엇을 얻으려는 욕심보다 마음속의 짐을 조금씩 내려놓아서 그럴 것이다. 동서의 가슴에도 스님들의 독경과 목탁 소리가 울려 퍼지길 바라는 마음이다.

'내 물고기'란 특이한 이름을 가진 오어사는 신라의 천년 고찰이라는 점 외에도 볼거리가 많다. 사찰 주변을 병풍처럼 에워싼 운제산의 자연경관은 한 폭의 풍경화 속에서 내가 움직이는 것 같은 기분이 들게 만든다. 운제산 꼭대기 절벽에 숨은 그림처럼 박혀 있는 자장암을 아래에서 바라보면 마치 〈몽유도원도〉와 같은 관념산수화를 보는 듯하다. 출렁다리 원효교元曉橋와 너풀너풀 떨어지는 단풍잎을 포근하게 받아주는 오어지吾魚池의 둘레길을 걷는 재미도 쏠쏠하다.

대웅전을 나와 오른쪽으로 몇 발짝 걸어가면 자그마한 '유물전시관'이 나온다. 이곳에는 사찰 발전을 위한 오어사 '계契'와 고승들에 관련된 서적, 원효대사가 사용했다는 삿갓이 보관되어 있다. 무엇보다 내 마음을 단박에 사로잡는 것은 어머니 치마 모양의 '오어사동종'이다. 1㎥ 정도의 유리 상자 안에 보관된 동종(높이 96㎝)은 보물 제1280호로 지정되어 있다.

팔공산 동화사에서 300근의 청동을 모아 제작된 동종이 1216년 5월 오어사로 왔다. 그 후 특별한 이유 없이 사라졌다가 1995년 11월, 사찰 주변 저수지 공사 도중에 발견되었다. 상태가 비교적 양호한 동종은 보존처리과정을 거쳐 다시 오어사에 자리했다. 1736년(영조12년) 오어사가 소실되었다는 기록을 헤아려보더라도 짧게는 250년, 길게는 700년 넘게 저수지에 수장되어 있었다. 섬세한 문양과 뛰어난 조형미를 자랑하는 동종이 언제, 어떻게 사라졌는지에 대한 기록이나 자료는 물론이고 구전조차 없다고 한다.

동종은 컴컴한 저수지 바닥에 누워 왜 인고의 세월을 보냈을까. 어지러운 세상을 탈피하려고 일부러 물속에서 피안의 세계를 즐겼는지. 스님들의 불경 소리를 들으며 고행과 수행을 경험했는지. 활짝 핀 연당초문蓮唐草紋이 하대에 새겨져 있는 것으로 보아 속세와의 인연은 계속 잡으려 했을 것이다. 아마 힘들게 사는 중생들의 번뇌를 온몸으로 받아들이면서 길고 긴 세월을 보낸 것은 아닐까.

종신부의 마주한 두면은 무릎을 꿇고 합장한 보살상이 양팔에서 흘러내린 긴 천의天衣 자락을 좌우로 휘날리며 꽃방석에 앉아 있다. 보살상의 머리 뒤로 구름 꼬리가 길게 이어져 고려시대 보살상의 특징을 보여준다고 스님은 설명한다. 보살상의 통통한 얼굴과 천진난만한 표정에서 어릴 적 죽었던 동생의 얼굴이 떠오른다.

마산에 살던 열 살 때, 두 살 아래 남동생이 심한 열병을 앓다가 죽었다. 힘들고 어려운 시절이었지만 항상 밝고, 나를 잘 따르던 착한 아이였다. 동생이 심하게 아파하던 다음 날 아침, 눈을 뜨니 아무도 없었다. 부모님은 이른 새벽에 동생을 무학산의 아기 무덤으로 옮겼다. 그날부터 나는 '막내'라는 계급장을 달고 살아야 했다. 성장하면서 가끔 동생이 생각나면 무학산으로 달려가고 싶었지만 그렇게 하지 못했다.

동생의 꿈은 훌륭한 군인이 되는 것이었다. 군인들이 시가지를 행군하는 모습을 보면 한참을 따라가다가 돌아왔다. 동네 사람의 친인척 중 무전기가 달린 지프차를 타고 오는 군인이 있었다. 가끔 그 차가 마을에 나타나면 차 주위를 잠자리처럼 맴돌며 놀았다. 동생이 살아 있었다면 꿈을 이루었을지 모르겠지만 끝까지 최선을 다했을 것이다. 두 손 모아 합장하면서 동생에 대한 미안한 마음과 그리움을 달래본다.

어린 보살상을 품고 있는 동종에게도 꿈이 있을 것이다. 동화사에서 동종을 제작하여 오어사로 보낸 목적은 종소리를 울려 퍼트려 인간과 세상 만물에 깨우침을 주기 위함일 것이다. 유물전시관이 아닌, 범종각에서 법고, 목어, 운판과 함께 중생을 교화하는 울림을 전하고 싶을 것이다. 이제 세상 밖으로 나와 자신의 임무를 수행해야 할 시간이다.

연꽃무늬 모양의 당좌撞座는 당목撞木이 오기만을 기다리고 있는 듯하다. 오어사동종이 자신의 고유한 소리를 언제 낼지 모르겠지만 꼭 한번 듣고 싶다. 어쩌면 에밀레종으로 알려진 성덕대왕신종의 소리와 다른, 맑고 아름다운 맥놀이가 울려 퍼질지도 모르는 일이다.

일주문을 나오기 직전 범종각에 달린 커다란 범종이 눈에 들어온다. 저 자리에 오어사동종이 걸려 있으면…. 아쉬운 마음을 뒤로하고 오어사를 빠져나왔다.

돌아오는 길에 동서가 운전을 했다. 동서는 마음을 비웠다고 하지만 머릿속에는 새로운 사업을 구상하고 있을 것이다. 그래도 좋다. 하루쯤 욕심을 버렸다면 여행의 목적을 반은 달성하였다. 저수지 바닥에서 긴 세월을 보낸 오어사동종을 생각하면서 한쪽으로 치우치지 않는 중용의 자세로 살아갈 수 있으면 좋겠다.

꽃놀이패

바둑은 스포츠다. 스포츠는 경쟁과 유희성을 가진 신체 운동 경기를 말한다. 바둑은 그것을 갖추고 있으면서 머리 회전을 활발하게 해주는 게임이다. 비록 신체의 접촉은 없지만, 상대방과의 두뇌 싸움은 격투기의 격렬한 몸싸움만큼 치열하게 벌어진다. 361개의 점 위에서 펼쳐지는 전투는 한 수씩 번갈아 가며 착수하는 경우의 수에 따라 승부의 우열이 결정된다.

나의 바둑 실력은 5~6급 정도에 불과하다. 가끔 기분을 전환하고 싶을 때 인터넷으로 바둑을 두지만, 승부에 집착하지는 않는다. 이제 급수와 승부에 집착할 나이는 지났다고 생각한다. 다만 바둑이 글을 써야 한다는 압박감과 긴장감을 해소할 수 있는 청량제 역할을 해준다는 것은 분명한 사실이다.

바둑은 흑과 백이 겨루어 '집'을 많이 지은 쪽이 이기는 게임이다. 바둑 한판에서 발생하는 흥망성쇠와 희로애락은 마치 인생의 여정과 흡사하다. 그래서 '바둑은 인생과 같다'라고 말한다. 과욕과 자만심을 가지면 바둑이든 인생이든 실패하기 쉽다. 유리한 판세를 안일하게 생각했다가 막판에 역전당한 경험이 여러 번 있었다.

집을 많이 차지하기 위해 싸우다 보면 '패霸' 라는 것이 발생한다. 패는 서로 한 수씩 걸러 가면서 상대의 집을 잡으려고 하는 한 집 싸움을 말한다. 그 한 집으로 부분적 사활이나 전체 승패를 결정지을 때도 있어서 패는 매우 중요하다.

패의 종류 중에 '꽃놀이패'가 있다. 한쪽은 패에서 지더라도 손해 볼 것이 없지만 상대방은 패에서 지면 큰 타격을 입는 패를 말한다. 손해 볼 것이 없는 사람은 마치 꽃놀이를 하는 기분으로 싸울 수 있어 '꽃놀이패'라는 이름이 붙여졌다. 이렇든 저렇든 간에 손해 볼 것이 없는 경우를 '꽃놀이패를 잡았다'고 말한다. 일상생활에서 꽃놀이패를 잡고 즐기는 사람은 '갑甲'의 지위에 있고, 갑의 즐거움 속에 피해를 보는 사람은 '을乙'의 신분을 가진 서민들이다.

편의점에서 3개월 동안 야간 알바를 했다. 장사는 잘되는 편이었지만 30대 중반의 젊은 사장은 고민이 많았다. 본사에서는 잘 팔리지도 않는 물건을 예사로 떠넘기고, 건물주는 '장사가 잘되니 월세를 올려 달라'고 계속 요구한다는 것이다. 그는 을의 입장에서 푸념을 털어놓았지만, 진짜 을인 알바생의 마음은 읽지 못했다.

출근 시간이 조금이라도 늦으면 시급을 깎았다. 정산 후 금액이 차이가 나고 납품받은 물품이나 재고가 부족하면 걸레를 씹어 먹은 표정을 지으며 성깔을 부렸다. 알바생이 배상을 하겠다는 말을 스스로 하지 않을 수 없도록 만들었다. 그렇게 하지 않으면 더는 아르바이트를 할 수 없었다. 본사나 건물주에게 스트레스를 받는다고 말하는 사장도 직원들에게 갑질을 하고 있는 현실이다.

친구 S는 작년에 학교에서 퇴직하고 아파트 경비원으로 일하고 있다. 자존심을 버리고 즐겁게 열심히 일하려고 마음을 단단히 먹었다. 따뜻한 마음을 가진 주민들이 많지만 음식물 쓰레기를 대신 처리해 달라거나 택배 배달 같은 사사로운 일을 시키는 입주민도 가끔 있다고 한다. 원하는 일을 들어주지 않으면 "개가 주인 말을 잘 들어야지."라는 폭언과 삿대질을 하면서 갑질을 하는 주민도 있다고 넋두리를 늘어놓았다. S는 6개월도 지나지 않아 경비원을 계속해야 하는지를 고민하고 있다.

아파트 경비원의 나이는 최소한 60이 넘은 사람들이다. 나이를 떠나 우리가 사는 아파트 전체의 안전을 위해 일하고 있다. 개인의 고민이나 불편함을 대신 해결해주는 사람이 아니다. 가정과 자신의 행복을 위해 좀 더 일하고 싶은 경비원에게 우리 스스로가 갑질을 하고 있다.

얼마 전, 국회에서 청소 일을 해왔던 노동자들이 정직원으로 고용되었다는 반가운 소식이 언론의 화젯거리가 되었다. 그동안 그들은 용역업체 관리소장에게 기합도 받고 땡볕에 집합을 당하는 수모도 겪었다. 용역회사의 갖은 횡포와 탄압을 하루하루 힘겹게 버텨왔다. 고난과 시련을 이겨 내면서 많은 청소노동자가 바라는 정규직이 되었지만, 그들은 여전히 을이다.

청소노동자들은 일 자체가 육체적으로 힘들지만, 그것보다 사람들의 따가운 시선으로 인한 정신적인 고통이 더 힘들다고 말한다. 쓰레기를 배출한 사람들이 쓰레기를 치워주는 청소노동자들을 '냄새나는 사람, 더러운 사람'으로 취급하고 있다. 그들은 '수고한다. 고맙다.'는 말은 바라지도 않는다. 그냥 똑같은 사람으로 바라봐주기를 바랄 뿐이다. 쓰레기를 버리는 우리 스스로가 갑질을 하고 있다.

'갑'은 사회적 강자인 자신의 우월한 지위를 악용해 약자인 '을'을 노예처럼 부려 먹는다. 마음에 들지 않거나 말을 듣지 않으면 언제든지 해고할 수 있고, 언제든지 새로운 사람을 채용할 수 있는 꽃놀이패를 손에 쥐고 있다. 자신이 가진 패를 마음껏 활용한다. 갑이 무심결에 휘두르는 권력에 의해 힘들게 사는 알바생, 경비원, 청소노동자들이 우리 주변에 얼마나 많은가. 돈과 시간을 빌미로 인간의 노동력을 로봇이나 기계처럼 취급할 권리는 누구에게도 없다.

어떤 집합체도 개인의 힘만으로 움직일 수 없다. 크든 작든, 중요하든 아니든, 모든 사람이 짐을 조금씩 분담해야 한다. 작은 버팀목이 모여 어린나무를 바르게 성장시키듯이 구성원 하나하나가 각자의 위치에서 사회를 떠받치고 있는 중요한 역할을 하고 있다. 거기에 특권층과 서민이 따로 있을 수 없다. 바둑판에서 검은 돌과 흰 돌이 평등한 것처럼 '갑'과 '을'도 똑같은 인간으로 존중하고 대접받아야 한다.

갑과 을이 서로 손을 잡고 같은 방향으로 나갈 때 꽃놀이패의 즐거움을 함께 누릴 수 있는 건강한 사회가 되지 않을까 생각해본다.

장미 한 송이

열대야가 기승을 부리는 한여름 밤. 딱히 할 일도 없고 말을 건넬 사람도 없다. TV 드라마를 보는 것은 무의미하고, 컴퓨터 게임은 이제 지루하다. 글을 쓰려고 생각하니 머리가 아프다. 글조차 나를 외면한다는 외로움이 가슴을 짓누른다. 습관처럼 스마트폰을 열어 꽃 한 송이를 불러낸다. 마음은 점차 편안해지고 입가에 미소가 번진다.

몇 해 전 6월 말. '신선대神仙臺' 산책로를 따라 올라갔다. 부산기념물 제29호로 지정된 신선대의 사진을 블로그에 올리기 위해서다. 산 정상에서 신선들이 풍악을 울리며 놀았다는 '무제등', 손을 쭉 뻗으면 잡힐 듯 보이는 오륙도와 태종대를 카메라에 담았다. 무거운 짐을 풀고 신선대 부두에 정박해 있는 선박에서 한가로운 바다 풍경을 느낄 수 있었다.

반대편으로 내려오는 중이었다. 눈이 번쩍 뜨이면서 발걸음을 멈춰 세우는 한 폭의 풍경이 보였다. 신갈나무와 개옻나무 아래, 억새와 양지꽃 사이로 그들보다 키가 조금 작은 빨간 장미 한 송이가 양지바른 언덕 위에 피어 있었다.

숲 주변을 몇 번이나 둘러보아도 다른 장미는 보이지 않았다. 이상하고 신기하기만 했다. 왜? 여기에 장미 한 송이가. 누가 오늘 아침에, 아니면 어제, 다른 곳에 피어 있는 장미를 꺾어 이곳에 꽂아놓은 것일까. 조화인가.

궁금한 마음에 언덕을 올라 장미 앞에 쭈그리고 앉았다. 향기를 맡으면서 잔잔한 가시가 나 있는 줄기를 만져보았다. 십중팔구 조화라고 생각했는데 생화가 틀림없다. 주변의 야생초처럼 땅속 깊숙이 뿌리를 내리고 있다. 가족도 없이 친구 아닌 친구들과 어울리며 혼자 잘 자라고 있다. 대견하고 자랑스럽다. 하지만 해가 지고 기나긴 밤이 오면 얼마나 외롭고 쓸쓸할까. 힘들었던 나의 어린 시절을 신선대에 홀로 핀 장미가 지금 겪고 있는 것 같다.

시골에 살던 일곱 살 때의 일이다. 어머니가 갑자기 집을 나가셨고, 몇 달 후에는 아버지와 누나도 집에 오지 않았다. 형 둘은 돈을 벌기 위해 도시로 나가 일을 하면서 일주일에 두어 번 정도 집에 들렀다. 다 쓰러져 가는 집을 지키면서 1년 가까이 살았다. 배가 고프면 동네 아주머니들이 챙겨 주는 식은밥이나 형들이 사 놓고 간 빵과 과자를 먹었다. 동네 형들을 따라다니며 뱀, 참새, 개구리를 잡아먹고, 머루, 다래, 대추를 따 먹기도 했다. 그런 시간이 지나면 어김없이 혼자 보내야 하는 밤이 찾아왔다.

나와 잠자리를 함께하던 유일한 친구는 1960년대를 대표하는 흡혈 곤충, '이'였다. 그나마 내 몸에 조금 남아 있는 자양분을 그놈들이 흡수해 갔다. 몇 마리를 잡아 경주를 시키고, 제일 빨리 달리는 놈부터 손바닥으로 두들겨 주었다. 그 재미도 잠시였다. 어머니가 보고 싶은 마음에 눈물을 흘리면서 잠들었다. 지금도 내 가슴 한편에 숨어 있는 외로움은 사주팔자가 아닌 스스로 극복할 수 없는 환경에서 만들어진 것이다.

가족도 없이 홀로 피어 있는 장미는 어떤 종류의 외로움을 겪고 있을까. 친구를 만나면 항상 웃는 모습만 보여주었던 나처럼 장미도 자신을 지키고 살아남기 위해 거짓 웃음을 짓고 있는 것은 아닌지 모르겠다.

나비의 더듬이처럼 조심스럽게 빨간 꽃잎을 손가락 끝으로 만져주었다. 빨간 옷을 입은 여자가 옅은 미소를 띠며 나를 유혹하는 듯 보인다. 나는 빨간 옷을 입고 있는 여자를 보면 눈길을 한 번 더 보낸다. 빨간 치마를 야하게 흔드는 카르멘과 〈포르 우나 카베자〉 라는 탱고 음악에 맞춰 빨간 장미를 입에 물고 도발적인 춤을 추는 여인이 떠오른다. 그 여인을 상상하며 입을 맞추었다. 장미 향이 입안을 가득 채운다.

결혼 15주년 기념으로 아내에게 빨간 장미 15송이를 선물했다. 아내는 말했다. "이런 거 말라꼬 사오노. 돈이나 주지." 그 말을 들은 후 장미가 예쁘게 보이지 않았다. 더는 장미꽃을 사지도 않았다. 여름이면 동네마다 흐드러지게 피는 장미꽃에 눈길을 보내지 않았다.

신선대 언덕에 핀 빨간 장미 한 송이를 만나면서 10년 넘게 끊어진 인연을 다시 이었다. 카메라에 장미의 사진을 여러 장 담았다. 새끼손가락을 걸면서 다시 만날 것을 약속하는 연인처럼 헤어졌다. 몇 번이나 뒤돌아보며 신선대를 내려왔다.

며칠이 지났다. 신선대의 사진을 보충할 겸해서 다시 장미가 있던 곳으로 갔다. 보이지 않았다. 나의 눈과 기억력을 의심하며 주위를 몇 번 둘러보았지만 헛수고였다. 언덕 위로 올라가 야생초를 제치면서 확인했다.

'이럴 수가!'

장미 줄기는 꺾여 있고 새카만 흙터가 번져가고 있었다. 조그맣게 남아 있는 줄기를 보면서 안타까운 마음이 들었다. 누군가 자신의 허리를 꺾을 때 얼마나 큰 고통을 받았을까. 겉으로 강한 척하면서 살아가는 나도 언젠가 꺾일지 모르는 일이다. 어떻게 살아야 하는가. 답은 떠오르지 않고 머리만 혼란스럽다. 한참을 앉아 있다가 그냥 집으로 돌아왔다.

장미의 사진 중 가장 예쁜 것을 스마트폰에 저장해 놓고 하루에 한 번 이상 들여다본다. 가끔 신선대에 가면 장미가 살던 언덕에 올라가 장미의 추억을 불러낸다. 나의 동반자, 장미의 고향이기 때문에. 장미가 환하게 웃으며 화면 밖으로 튀어나올 것만 같다.

사람마다 외로움을 달래는 방법은 다르지만 나는 장미 사진을 보면서 해결한다. 나를 이해해 줄 수 있는 친구, 그 장미 한 송이가 있다는 것이 얼마나 다행인지 모르겠다. 홀로 왔다가 홀로 가는 것이 인간의 숙명이라고 하지만 장미는 항상 내 곁에 있을 것이다.

장미의 계절이다. 친구의 고향에 한 번 다녀와야겠다.

지심도에 가고 싶다

한려해상국립공원(한려수도閑麗水道)은 1968년 12월 31일 우리나라에서 처음으로 국립 해상공원으로 지정되었다. 통영에 있는 한산도의 '한閑'과 여수의 '여麗' 자를 따서 붙여진 이름이다. 그렇지만 실제 한려수도는 거제도의 지심도에서 여수의 오동도까지에 이르는 경상도와 전라도의 4개 시, 2개 군에 걸쳐 있는 남부 해안 일부를 일컫는 말이다. 그래서 지심도는 한려수도의 출발점이자 종점이다.

평소 여행, 특히 섬 여행을 좋아한다. 남해안의 유명한 섬, 매물도, 사량도, 소록도, 거문도, 백도, 청산도, 보길도, 등을 돌아보았다. 심지어 매물도나 소록도처럼 내 마음을 사로잡는 섬은 적어도 2번 이상 방문하였다. 아무 생각 없이 그 섬을 한 바퀴 돌아본다. 사람들이 많이 찾는 명소도 좋지만, 길과

나무, 산과 바다, 그리고 섬사람이 어우러진 풍경에 마음이 끌린다. 초롱초롱한 별빛이 내리면 그 섬의 향을 먹고 자란 해산물을 먹어 본다. 아련한 섬 내음과 청순한 맛에 취해 스르륵 눈이 감긴다.

통영에서 50Km 남쪽에 위치한 괭이갈매기 서식지, '홍도鴻島(천연기념물 제335호)'에 관련된 다큐멘터리를 수업이 없는 시간에 교사휴게실에서 보았다. '다도해 해상 국립공원'에 있는 전남 신안군의 '홍도紅島'와 한글 이름은 같지만 서로 다른 섬이다. '저런 섬을 아직 못 가다니.' 빨리 가고 싶다. 방학은 아직 한 달이나 남았지만, 마음은 이미 홍도에 가 있었다. 인터넷을 뒤졌다. 거제도 장승포항에서 출항하는 배가 있었다. 여행을 좋아하는 꾼들과 조를 맞추었다.

겨울방학을 하고, 3일 후. 부푼 기대감을 안고 장승포 유람선터미널로 달렸다. '홍도와 괭이갈매기들은 나를 어떻게 맞이할까?' 가슴이 뛰었다. 대학 시절 첫 미팅 때보다 마음이 더 설렜다. '이게 뭐야?' '홍도는 괭이갈매기 번식지 보호를 위해 관리와 학술 목적으로만 출입이 허용되고, 그나마도 문화재청장의 허가를 받아야 한다.'는 안내원의 설명을 들었다. 여행을 수백 번 다녀도 이런 경우는 없었다. 실망과 안타까움이 교차했다.

'꿩 대신 닭' 아직 가보지 못한 섬, 지심도로 향하는 유람선에 허탈한 마음을 실었다. 10여 분을 달리자 하나의 숲처럼 보이는 작은 지심도가 눈에 들어왔다. 섬의 모양이 '마음 심心' 자를 닮아서 '지심도只心島', 섬 전체 나무 중에서 70%가 동백나무로 빼곡히 들어차 있어서 '동백섬'이라 부르기도 한다.

'갈 지之'자 모양의 산책로를 따라 올라갔다. 민망한 표정의 불청객들에게 동백나무, 후박나무, 팔손이들은 파르르 잎을 떨면서 팡파르를 울려주었다. 기대 이상이다. 점점 기분이 좋아진다. 차가 다닐 수 없는 섬에 오토바이를 개량하여 만든 짐수레가 힘겹게 올라간다. 중간중간에 마을 사람들이 개간해서 만든 손바닥만 한 밭뙈기에서 애잔한 인생이 느껴진다. 예닐곱 가구의 섬 집이 유자나무를 경계로 듬성듬성 아무렇게 놓여 있다. 민박을 하는 50대 부부에게 짐을 맡기고, 섬을 한 바퀴 돌았다.

가까이 보이는 '외도해상농원'은 자연미와 인공미의 조화 속에서 아름다움을 자랑한다. 하지만 여기 지심도는 산과 바다, 자연 그대로의 아름다움이 살아 숨 쉬며 그 자태를 뽐내고 있다. 신의 손길로 만들어낸 오솔길. 두 사람이 손을 꼭 잡고 겨우 걸을 수 있는 동백 숲 터널. 울창한 상록수림 속에서 들려오는 동박새 노랫소리. 바닷속으로 빨려들 것 같은 느낌을 주는 전망대. 긴 세월, 파도의 아픔을 견디면서 만들어낸 해식애. 쪽빛 바다 위에 넘실넘실 춤추고 있는 작은 어선들. 떼떼이 모여 사랑을 나누며 자맥질하는 갈매기들.

모든 게 어린 시절 마음속 도화지에 그려 보았던 그 섬이다.

저 멀리 태평양에서 달려온 바람은 세파에 찌든 가슴을 뻥 뚫고 지나간다. 수평선을 부처처럼 깔고 앉은 구름 송이는 탐욕으로 가득 찬 나의 혼을 빨아 당긴다. 따사한 햇빛이 머리 위를 비춘다. 마음을 비웠다. 욕심과 자만심이 사라지면서 다시 태어난 기분이다.

좋다! 마냥 좋다. 이제는 '닭 대신 꿩'이다. 1시간이면 충분한 산책로를 2시간 넘게 넋을 놓고 걸었다.

해 질 무렵, 민박집 아저씨는 '뜰채낚시'라는 특이한 낚시 방법을 보여주었다. 긴 대나무 5개와 그물을 이용하여 큰 뜰채를 만들었다. 뜰채를 바다에 던져 놓고, 그 위에 크릴이나 홍합부스러기 같은 밑밥을 던졌다. 잠시 후, 밑밥을 먹기 위해 물고기들이 모여들었다. 뜰채를 들어 올려 퍼덕거리고 있는 물고기를 떨리는 손으로 잡아 양동이에 담았다. 해식애의 발달로 낭떠러지가 심해 갯바위 낚시가 어려운 지심도에서 전통적으로 내려오는 방법이라고 한다. 덕분에 싱싱하고 맛있는 학꽁치와 벵에돔을 먹었다. 지심도에 어울리는 운치를 추억 속에 담을 수 있었다.

하늘에서 떨어진 별들이 창문 틈 사이로 몰려와 방안을 가득 채운다. 아궁이 속 참나무 장작의 화력이 방고래를 타고 달려온다. 구들장과 새벽에 전달된 불기운은 누런 장판을 암갈색으로 바꾸어 놓았다. 아랫목에 다리를 쭉 뻗고 누웠다. 지심도의 겨울밤은 어머니의 가슴처럼 참 아늑하고 따뜻했다.

동백꽃이 탐스럽게 피어 있는 2월 말, 지심도를 다시 찾았다. 전국에 '동백섬'이라고 불리는 섬이 몇 군데 있지만, 여기처럼 섬 전체를 핏빛으로 물들게 만드는 곳은 없다. 다행히 동백꽃들은 지심도가 마음의 고향인 나를 알아보았다. 환하게 웃어주었다. 행여 신발이라도 더러워질까 레드 카펫을 깔아 놓고, 축하의 꽃가루를 하염없이 뿌려주었다.

작년까지 지심도를 다섯 번 다녀왔다. 나는 세월을 흘려보냈지만, 지심도는 여전히 그 세월을 잡고 있다. 나를 낳아 준 어머니는 돌아가셨지만, 나를 다시 태어나게 해준 지심도는 아직도 청춘이다. 아, 지심도가 나를 부른다. 분잡하게 살아가는 나를 부른다. 동백꽃이 흐드러지게 피어오르는 2월이 오면, 지심도를 찾아, '사랑한다!'고 고백해야겠다.

400원의 아쉬움

이기대 갈맷길을 산책했다. 작정을 하고 1시간 이상 걸었다. 살랑거리는 마파람에 머리는 시원하지만, 목덜미와 등줄기에서는 땀이 계속 흐른다. 내의가 척척하게 젖었다. 눈앞에 보이는 오륙도 등대섬으로 달려가 훌러덩 벗고 다이빙을 하고 싶은 마음이다. 하얀 포말을 시원하게 뿜어내며 달리는 유람선이 부럽다. 얼른 집에 가서 샤워했으면 좋겠다.

주차장 한쪽에서 커피 향이 날아온다. 힘들거나 피곤할 때 커피를 마시면 활력이 생긴다. 내가 좋아하는 자판기의 밀크커피가 나를 유혹한다. 달곰쌉쌀한 감칠맛은 어떤 커피와도 비교할 수 없고 가격대비 만족도가 높다. 젊은이들이 좋아하는 에스프레소 아메리카노 카푸치노는 아직 내 입맛에 맞지 않는다.

승용차 동전함에서 400원을 끄집어내었다. '딸그락딸그락' 자판기에 동전 떨어지는 소리가 정겹게 들린다. 어디선가 길냥이 한 마리가 달려와 자판기 옆에 자리를 잡는다. '자석이, 커피 맛을 아는 모양이지.' 버튼을 힘차게 누르자 윙윙거리는 소리와 함께 램프가 빤작거린다. 커피 맛을 미리 감지한 혓바닥이 입천장을 자극하며 목구멍으로 침을 넘긴다. 길냥이와 눈이 마주쳤다. '알았어. 좀 남겨줄게.'라고 말했다. 길냥이는 알아들었다는 듯이 꼬리를 좌우로 흔들었다.

램프의 불이 꺼졌다. 커피 투출구를 열고 손을 넣었다. '어어!' 종이컵이 없다. 뜨거운 물만 몇 방울 떨어지고 있다. 허리를 숙여 투출구 구석구석을 쳐다본다. 종이컵이 숨어 있는 것도 아닌데. 고장 난 자동차의 보닛을 올려놓고 이리저리 살펴보는 심정이다. 나의 행동을 살피던 길냥이가 시큰둥한 표정으로 '그것도 하나 제대로 못 뽑아?'라고 말하며 비아냥거리는 듯하다. 다리 하나를 들어 얼굴을 비비적거린 후, 하품을 하고는 어딘가로 사라졌다. 갑자기 허전함과 불신감이 몰려왔다. '아이고, 이걸 그냥….' 옛날 같으면 자판기를 발로 한 번 차기라도 했는데. 지나가는 행락객들이 나를 쳐다보면서 가고 있다.

특별한 하자가 없는 기안문을 상사에게 퇴짜 맞은 기분으로 승용차에 탔다. 거울에 비친 내 모습이 초라해 보인다. '400원이 뭐 그리 중요하다고.' 애써 위안해 보지만 기분만 더 나빠진다. 사기당한 기분까지 든다. 지금까지 사기를 많이 당했다. 외판원을 하는 고등학교 후배에게 10만 원을 송금하고 받지 못한 어린이 동화책, 신호에 걸린 차량의 운전자에게 싸게 파는 파인애플을 구매해서 집으로 들고 갔다가 마누라에게 욕만 실컷 들었던 생각도 난다. 그것도 지금 400원에 비하면 아무것도 아니다.

나는 어디 가서 큰소리 한번 못 치는 소심한 사람이다. 배운 대로 살아가는 평범한 시민이다. 나는 지금 400원에 온갖 신경을 쓰고 있는 좀생이가 되었다.

타향살이

직장 동료 이 선생과 허물없는 사이였다. 그의 부모님은 청도에서 과실 농사를 크게 짓고 계셨다. 수확 철이 지나면 고향에서 가져온 대추, 복숭아, 감 등을 지인들에게 조금씩 나누어 주었다. 다른 것도 맛있었지만 특히 대추는 남달랐다. 2㎝가 넘는 굵은 씨알, 짙은 적갈색의 때깔, 입안을 달콤함으로 가득 채우는 느낌은 타지방 대추의 추종을 불허했다. 입소문이 퍼지면서 동료 교사들은 해마다 50kg 이상을 주문하여 나누었다. 나는 5kg을 구매했다. 아내는 친정 형제들에게 생색을 내거나 물과 대추차를 끓여 먹는 데 사용했다.

퇴근하고 이 선생과 횟집에 앉았다. 일상적인 이야기를 하던 중 이 선생은 걱정거리를 털어놓았다. “공무원을 하는 손위

동서가 뇌종양 판정을 받았어. 꾸지뽕나무 삶은 물을 마시면 좋다고 하던데." 나는 당장 마산 외곽지역에서 농사를 짓고 계시는 장인에게 전화 걸어 동네 야산에 꾸지뽕나무가 많이 있다는 답을 들었다. 일요일, 아침 일찍 이 선생의 차를 타고 처가로 향했다. 세 사람이 두 시간 정도의 낫질을 해서 꾸지뽕나무 가지를 두 자루에 가득 채웠다.

달포 정도 지난 일요일 오전. 이 선생은 "동서가 병원 치료와 꾸지뽕나무 덕분에 많이 좋아지고 있다."면서 청도에서 가져온 대추나무 묘목 열 그루를 집으로 가져왔다. 다시 장인에게 전화를 걸었다. "여기는 대추 농사가 잘 안되는 지역인데…. 그래도 한번 심어 보자."고 하셨다.

대추나무는 성장하는 동안 햇빛을 많이 요구하므로 비탈진 땅의 남쪽이면서 바람이 적게 부는 곳이 좋다. 자갈이 약간 섞여 배수가 잘되고 토심이 깊은 곳, 유기질이 풍부한 모래참흙에서 재배하는 것이 최적이라고 알려져 있다.

대추는 당질과 비타민이 풍부해 건강식품으로 많이 애용한다. 약용과 식용을 겸해 재배되는 대추는 대부분 중부지방에서 생산된다. 남쪽 해안가 지역에서는 대추 농사를 거의 짓지 않는다.

장인은 저수지 위 감나무밭 옆에 여섯 그루, 저수지 아래 논 옆에 네 그루를 심었다. 3년이 지나면서 저수지 아래 네 그루는 모두 죽었고, 저수지 위에서도 한 그루가 죽었다. 그나마 살아남은 다섯 그루도 상태가 그다지 좋은 편은 아니었다. 장인은 농약을 치거나 별도로 거름을 주지 않았다. 대추 농사에 대한 경험도 없고 관리를 잘못한 탓도 있겠지만, 고향 청도에서 마산까지 내려와 살면서 타향살이에 대한 서러움을 견디지 못해 자신의 생명을 포기했는지도 모를 일이다.

내가 여덟 살이던 여름에 헤어졌던 가족이 마산에서 다시 합쳤다. 고향 충청도가 아닌 객지 경상도에서 타향살이가 시작되었다. 우리 가족에겐 친척도 없고 아는 사람도 없었다. 부엌 딸린 네 평 정도의 단칸 월세방에서 여섯 식구가 살아야 했다. 가족들은 주인집의 눈치를 보면서 쥐 죽은 듯이 숨을 죽이고 살았다.

한번은 잠을 자다가 호롱불을 넘어트려 불이 났었다. 불은 벽을 타고 올라가면서 많은 연기를 밖으로 내보냈다. 주인아주머니 덕분에 불은 일찍 진화되었지만, 큰형과 나는 화마의 재물이 될 수도 있었다. 주인집의 잔소리는 날이 갈수록 심해졌다. 속내를 감추고 항상 감사하는 표정을 지으며 살아야만 했다.

내가 혼자 점심을 먹기 위해 집에 오면 동갑내기 주인집 아들은 생선을 반찬으로 따뜻한 쌀밥을 먹고 있었다. 나는 국물김치와 고추장에 보리밥을 비빈 후, 그 생선 냄새를 반찬 삼아 점심을 먹었다. 밥을 먹으면서 가슴으로 눈물을 흘려야 하는 것이 가난한 자의 서러움이다. 나를 제외한 모든 식구가 새벽

밥을 먹고 생업전선에 뛰어들었지만, 빈곤의 터널 끝은 좀처럼 볼 수 없었다.

대추가 타향에 온 지 5년이 지났을 때였다. 살아남은 다섯 그루는 대추나무의 모양과 색깔을 갖추기 시작했다. 뿌리도 튼튼하게 내리고 있었다. 가을에는 푸르른 잎 사이로 열매가 몇 개씩 열렸지만, 아직 청도 대추의 맛과는 비교할 수 없었다. 그래도 객지 풍토에 순응하면서 잘 자라는 모습이 참으로 기특했다.

대추는 세월을 먹으면서 인내력과 적응력이 강해졌다. 다시 3년이 지나면서 다섯 그루의 대추는 타향살이의 아픔을 훌훌 털어버리고 감나무보다 더 야무지게 자랐다. 청도 대추만큼 크고 맛있는 열매를 생산하기 시작했다. 처가 자식 4남매가 충분히 먹고 남을 정도다. 햇볕이 따뜻한 가을에 대추를 따러 가면 얼마나 기분이 좋은지 모른다. 옅은 녹색에 적갈색이 피어오르는 때깔은 입에 넣기 아까울 정도로 예쁘다. 바로 옆 감나무는 눈에 들어오지도 않는다.

우리도 타향살이의 기나긴 터널을 통과했다. 어머니와 형들이 피땀 흘리며 열심히 노력한 결과로 3년이 지나 전셋집을, 다시 4년이 지나서는 작은 집을 샀다. 내가 그토록 원하던 공부방과 친구들도 많이 생겼다. 고향 사람들도 마산까지 자주 놀러 왔지만, 우리 가족은 완전한 마산사람이 되었다.

언젠가 아들이 결혼식을 올리고 폐백을 받을 때, 며느리의 넓은 치마폭에 마산 대추를 한주먹 던져주고 싶다. 자식을 많이 낳으라는 의미가 아니라 새로운 환경에 적응을 잘하면서 알콩달콩 행복하게 살았으면 하는 마음에서다.

따뜻한 대추차를 마시면서 아파트를 오가는 사람들을 바라본다. 그들 중에는 타향살이의 아픔을 겪으면서 힘들게 사는 사람이 적지 않을 것이다.

나의 첩妾

애소愛燒는 아직 젊고 예쁩니다. 그녀의 시조는 페르시아인입니다. 칭기즈 칸의 손자가 한반도에 진출했을 때, 우리나라에 정착하며 살기 시작했습니다. 이제는 완전한 우리나라 사람이 되었습니다. 하지만 제사상을 차리는 곳에서는 아직도 문전박대를 면치 못하고 있습니다.

애소의 집안 가훈은 서민들과 희로애락을 함께하자는 것입니다. 사회적 약자에게 친밀하고 아낌없는 사랑을 나누어 주려고 밤낮없이 노력하고 있습니다. 그렇다고 정계에 입문하려는 마음은 추호도 없다고 합니다. 나는 그녀의 청순하고 소박한 마음을 좋아하지 않을 수 없습니다.

내가 약관보다 더 어린 나이에 포장집 희미한 전등 아래서 애소를 처음 만났습니다. 청명하고 순결한 그녀는 조금 차가운 인상이었지만 대화를 할수록 따뜻한 매력이 넘쳐흘렀습니다. 말 한마디 한마디에 핏줄을 타고 흐르는 짜릿함을 느꼈습니다. 촌철살인 같은 힘으로 갑갑한 속을 뻥 뚫어 주었습니다. 젊은 패기와 용기를 앞세워 그녀를 하룻밤에 두세 번 이상 만나는 날도 있었습니다. 이제 육십갑자의 '갑甲'을 넘긴 이놈의 몸뚱어리는 아직도 불혹인 그녀를 감당할 수가 없습니다.

사람들은 그녀에게 예쁜 별명을 많이 붙여주고 있습니다. 이슬처럼 영롱하다고 참이슬, 첫 만남처럼 만나자고 처음처럼, 만나면 즐겁다고 좋은데이, 근심거리를 날려 준다고 시원이. 그녀는 성격이 원만해 많은 열매와 잘 어울려 놀기도 합니다. 사과 포도 배 딸기 매실 살구 자두 앵두 밀감 오이 모과 구기자. 그러나 나는 혼자 있는 애소가 좋습니다. 다른 친구들과 섞여 있으면 시끄럽고 머리가 아픕니다.

애소는 심리상담사 자격증을 갖고 있습니다. 힘겨운 군에서의 제대, 사랑하는 사람과의 결혼, 회사에서 승진하는 기쁨을 나누는 시간에 그녀는 행복을 두세 배 증폭시켜 줍니다. 첫사랑의 아픔, 부모님과 이별하는 슬픔, 수십 년 만나온 동료들과 헤어지는 아쉬움을 느낄 때, 오로지 그녀만은 우리 곁을 지켜주면서 새로운 희망과 도전정신, 자신감을 심어줍니다. 애소는 우리의 영원한 멘토입니다.

그녀는 항상 녹색 옷을 입고 있습니다. 자신의 마음이 깨끗하고 순한 여자라는 것을 보여주기 위해서입니다. 음식은 아무거나 잘 먹습니다. 어린 시절에는 새우깡, 건빵, 쥐포, 라면을 좋아했고, 성인이 되어서는 김치, 족발, 고갈비, 짬뽕 국물을 좋아했습니다. 나이를 먹으면서 식성이 바뀌어 지금은 생선회, 두부김치, 부대찌개, 닭볶음, 골뱅이 무침 등을 다 좋아합니다. 그래서 허리와 엉덩이의 사이즈가 똑같습니다.

애소는 마술사입니다. 신기하게도 자신의 신체를 일곱 개의 조각으로 나눌 수 있습니다. 그래서 두 사람이 나누어 가지면 모자라고, 세 사람, 네 사람, 다섯 사람, 여섯 사람이 나누어도 모자랍니다. 일곱 사람이 나누어 가지면 너무 작습니다. 그러면 그녀는 다시 몸을 합쳐서 새 모습으로 사람들 앞에 나타납니다. 사람들은 그녀의 그런 변신을 놀라워하지 않습니다.

그녀는 아내와 달리 잔소리를 하지 않습니다. 나는 집에서 서열이 4위에 불과하지만, 그녀는 항상 나를 왕처럼 대접해줍니다. 내가 인근에 사는 맥양麥孃과 바람을 피워도 묵묵히 지켜만 봅니다. 오히려 같이 어울리기도 하면서 잘 놀아줍니다. 1주일 만에 그녀를 만나러 가더라도 짜증도 내지 않고 방긋 미소를 지으며 반겨줍니다.

나는 애소를 밤에만 만납니다. 그렇다고 그녀가 야행성은 아닙니다. 낮에는 열심히 일하면서 볼일을 보고, 시간이 나면 언제든지 만나러 오라는 그녀의 부탁 때문입니다. 적당한 시간이 지나면 집에 일찍 가라고 합니다. 내가 싫어서 그런 것은 아닙니다. 본처가 조금은 무서워서 그럴 겁니다. 그러면서 진한 이별의 키스를 보내줍니다. 황홀함에 빠진 나는 비실비실 집으로 갑니다.

그녀를 가슴에 품고 집에 가는 날이면 아내는 웃어줍니다. 이제 아내도 애소를 인정해줍니다. 그리고 나의 옷과 양말을 벗겨주고는 거실로 나갑니다. 나는 시끄럽고 격렬한 밤을 애소와 함께 보냅니다. 새벽에 눈을 뜨면 애소는 어디론가 사라지고 없습니다. 아내가 친정이나 여행을 가고 없으면 나는 애소를 안방으로 부릅니다. 그동안 미뤄왔던 깊은 사랑의 이야기는 밤이 새는 줄을 모르고 이어집니다. 그녀도 이제 옹녀 같은 힘은 사라지고 많이 약해져 있습니다.

애소는 기쁘게 만나서 즐겁게 대화하는 사람을 제일 좋아합니다. 그런데 좌석이 끝나기도 전에 평생 지울 수 없는 사고를 치는 몰상식하고 파렴치한 인간들이 너무 많습니다. 그녀에게 볼 면목도 없고 변명할 여지도 없습니다. 그녀에게 아낌없는 사랑을 한없이 받은 내가 선물한 것은 고작 해장국밖에 없습니다. 이제라도 인삼녹용을 챙기며 그녀에게 좀 더 가까이 가고 싶지만 이미 때는 늦었습니다.

애소야!

이제 추억의 앨범을 덮어야겠다. 너와의 이별을 앞둔 나의 마지막 소원을 말해야겠구나. 세상을 떠나는 전날 밤, 너를 힘껏 부둥켜안고 마지막 힘을 다해 사랑을 나누고 싶구나. 덧붙여서, 내가 밤마다 별을 헤아리며 지루하게 누워 있을 때, 계절에 한 번쯤은 나를 찾아와 주렴. 나를 무겁게 덮고 있을 메마른 잔디 위에 너의 달콤한 눈물이라도 뿌려주려무나. 그것은 40년을 함께한 연인으로서 너의 당연한 의무가 아니겠니.

윤회설에 따라 내가 다시 태어난다면 애소와 또 다른 사랑을 나누고 싶습니다.

2부

100百

아이가 태어난 날로부터 백 번째 되는 날, 백일잔치를 연다. 의술이 발달하지 못했던 시절에는 유아사망률이 높았다. 백일까지 아무 탈 없이 성장해야만 정상적인 사람으로 인정을 받았고, 주변에서 축하해 주는 것이 우리네 풍습이다.

젊은 연인들은 만난 지 100일이 되면 이벤트를 한다. 꽃다발이나 반지, 책 등의 의미 있는 선물을 주고받고 특별한 장소에서 기념사진을 찍기도 한다. 왜 하필 100일에만 그런 행사를 할까. 30일도 있고 70일도 있는데….

수능 시험이 다가오면 수험생의 어머니들은 절에 가서 백일 기도를 올린다. 99일이나 101일 기도는 하지 않는다. 하루가 모자라면 떨어지고, 하루를 더 하면 넘치고, 딱 100일 기도를 해야 합격한다고 믿고 있기 때문이다. 합격은 목표의 완성이다.

숫자 99 다음에 100이 오고, 100 다음에는 101이 온다. 100은 일반 숫자와 똑같은 하나의 숫자에 불과하다. 그런 100百에게 사람들은 '완성'이라는 의미를 부여했다. 백일잔치, 백일이벤트, 백일기도에서의 백은 '완성하다'라는 뜻이다.

지인 중에 마라톤 풀코스의 완주, 이름난 산이나 사찰의 탐방, 헌혈이나 봉사 활동을 즐기는 사람이 몇 명 있다. 그들 대부분은 100을 향해 달려간다. 중간에 포기하는 사람도 있지만 대부분 100을 완성하기 위해 부단한 노력을 한다. 100을 채운 사람은 그때까지의 노고에 대한 보상을 받는다. 그 대가가 경제적인 것은 아니지만 자신만이 느낄 수 있는 만족감과 보람이다. 100은 목표를 완성한 자의 행복이다.

100은 완성이지만 끝은 아니다. 잠시 몸을 추스르고 새로운 도전을 향해 달려나가야 한다. 물은 100도에서 끓는다. 목표는 완성했지만 거기서 멈추지 않는다. 수증기로 변하는 기화氣化 현상을 거치면서 하늘로 올라간다. 비나 눈이 되어 다시 땅을 밟겠다는 목표를 세워 구름을 만들고 바람을 따라 흘러간다. 대학에 입학했다고, 좋은 회사에 취업했다고, 원하는 결혼을 했다고 멈추면 안 된다. 다시 새로운 100을 향해 하루하루 정진해 나가야 한다.

숫자 100의 순수한 우리말은 '온'이다. '온'은 '많다'는 뜻이다. 백년회로, 백년대계, 백가쟁명, 백합百合 등에서의 뜻이 그렇다. 재산이 매우 많은 사람이나 아주 큰 부자를 '백만장자百萬長者'라 한다. 정말 백만 원만 갖고 있어도 부자라는 소리를 들으며 살 수 있으면 좋겠다.

김, 이, 박, 최, 정, 등 많은 성씨가 모여서 '백성百姓'이 된다. 1970~80년대 백성들은 열심히 일하면서 저축하고 자식들 공부시키는 것을 목표로 정했다. 모두가 같은 방향으로 달려왔다. 그 결과 현재의 대한민국이 만들어졌는지도 모른다.

지금은 백성들이 반반으로 나누어져 싸우고 있다. 북쪽에서는 핵으로 우리를 위협하고, 주변 강대국들은 경제적 압박을 가해오고 있다. 이런 어려운 문제들을 해결할 수 있는, 백성들을 한 방향으로 끌고 갈 수 있는 진정한 지도자는 어디에서 백일기도를 올리고 있는지 모르겠다.

날

1. 맑은 날

나가야 한다.

화창한 날에 집에 있으면 억울한 기분이다. 만날 친구도, 반겨줄 사람도 없지만 가까운 금련산이라도 다녀오면 된다. 눈은 하늘을, 코는 나무를, 입은 열매를, 귀는 새를, 피부는 햇볕을 만나 즐거워한다. 나는 주는 것이 없지만 산은 나에게 무한정 베풀어 준다. 덤으로 왜 이렇게 살았는지, 앞으로 어떻게 살 건지에 대한 문제도 풀어준다. 해가 떠서 산에 갈 수 있는 날, 자연에 감사하고 싶은 날이다.

2. 흐린 날

나가야 한다.

집에만 있으면 마음마저 흐려질 것 같다. 차를 몰고 금련산의 청소년 수련원 위에 있는 전망대에 간다. 그곳에 서면 해무에 가려 바다 위에 떠 있는 것처럼 보이는 광안대교와 해운대의 마천루를 볼 수 있다. 동화책에서 보았던 하늘나라의 모양인 듯하다. 어머니가 불쑥 나와 손이라도 흔들어 주었으면 좋겠건만, 너무 많은 시간이 흘러 나를 잊으셨는지도 모르겠다. 내 곁을 떠난 사람들이 보고 싶은 날이다.

3. 비 오는 날

나가야 한다.

집에 있으려니 서랍장에 갇혀 있는 낡은 우산이 구시렁구시렁 중얼거린다. "신발은 매일 나가는데, 나는 오늘 하루만이라도…." 애걸하는 목소리가 귓전을 울린다. 그녀의 손을 잡고 동네를 한 바퀴 돈다. 기분이 좋은지 가벼운 바람에도 몸을 좌우로 흔든다. 근처 학교와 마트를 구경시켜 주고, 집으로 들어가려 하자 그녀의 뼈에서 흐르는 눈물이 내 어깨를 적신다. 짧은 시를 한 편 적고 싶은 날이다.

4. 눈 오는 날

나가야 한다.

집에만 있으면 다른 사람이 다 본 영화를 나 혼자만 못 본 기분이다. 커피숍 창가에 앉아 지나가는 사람들의 표정을 보며 '아다모'의 〈눈이 내리네〉를 듣고 싶다. 하얀 눈을 맞으며 나를 기다리는 사람이 있었던가. 하얀 눈을 맞으며 누군가를 기다린 적이 있었는가. 없다. 마시던 커피를 남겨 두고 밖으로 나가야겠다. 그냥 호주머니에 두 손 쿡 찌르고 머리를 지붕 삼아 무작정 걷고 싶은 날이다.

5. 더운 날

나가야 한다.

내가 제일 싫어하는 날이지만 나를 위해 나간다. 광안리해수욕장의 종려나무 그늘에 퍼져 앉는다. 시원한 바닷바람은 땀을 식혀주고 헝겊 쪼가리 두 장 걸친 젊은 아가씨들의 모습은 눈을 번쩍거리게 만든다. 10여 분을 걷는다. 대학가의 막걸릿집 귀퉁이에 앉아 청춘들의 흥에 겨운 소리를 듣는다. 그들에게는 미안하지만 기氣를 빌려 가야만 한다. 더위에 지친 몸뚱이를 활력으로 채우고 싶은 날이다.

6. 추운 날

나가야 한다.

집에 있으면 따끈한 오뎅 국물과 소주가 자꾸 생각난다. 땅거미가 지면 마을버스를 타고 시장통의 포장집에 간다. 그곳에서 노가다, 장사꾼, 놈팡이들이 모여 저마다의 힘든 생활을 하소연한다. 가끔 잘난 척하는 사람도 있다. 시끌벅적하다. 그들의 이야기는 어떤 영화나 드라마, 소설보다 더 재밌다. 만 원짜리 두 장이면 충분하다. 꾸밈없이 살아가는 그들의 애환을 수필로 번역하고 싶은 날이다.

7. 태풍 오는 날

집에 있어야 한다.

아예 나가고 싶지 않다. 군에서 폭풍우가 몰아치던 날, 수색대원들은 임진강에 매복을 나갔다. 빠르게 불어나는 강물에 세 명이 목숨을 잃었고 우리 부대는 그 시체를 수습했다. 제대 후, 복학해서 학교에 열심히 다녔다. 큰 태풍이 오는 날, 비를 쫄딱 맞고 2층 강의실에 들어갔다. 아무도 없었고, 아무도 오지 않았다. 휴강이었다. 피할 건 피하면서 살아야 한다. 리모컨만 잡고 소파에 길게 누워 있고 싶은 날이다.

8. 우울한 날

집에 들어가야 한다.

고등학교 다닐 때부터 기분이 안 좋은 날, 친구들과 싸웠거나 약속이 취소된 날에는 집에 일찍 들어갔다. 책을 읽거나 영한사전을 보면서 단어를 외웠다. 그러다 보면 금세 기분이 풀렸다. 친구들은 나에게 이상한 놈이라고 했지만 나는 몸도 마음도 정상이었다. 지금은 그렇게 하지 않는다. 대신 인터넷으로 고스톱을 치거나 바둑을 둔다. 오락에 빠져 우울한 기분을 잊고 싶은 날이다.

9. 기분 좋은 날

당연히 나가야 한다.

오전에 수필 잡지사에서 전화가 왔다. 일전에 제출한 원고를 게재하겠다는 연락이다. 오후에는 수영구청에서 매달 발행하는 신문, 〈새수영〉에 내 글은 싣겠다는 전화를 받았다. 헤죽헤죽 웃으며 돌아다니고 싶다. 저녁에는 막역한 친구에게서 술 한잔하자는 카톡이 왔다. 하늘을 날아갈 것 같다. 오늘은 상대가 누구든 기분 좋은 만남이다. 마음껏 떠들면서 좋은 안주에 소주 한 잔 사주고 싶은 날이다.

문수암의 피리 소리

모임에 참석하기 위해 통영으로 가는 중이었다. 부산에서 서둘러 출발한 탓도 있지만, 예상외의 한가한 도로 덕분에 시간적 여유가 많이 생겼다. 경남 고성을 지나다가 일전에 가보았던 '무이산武夷山 문수암文殊庵'에 들렀다. 문수암은 '남해 보리암' '여수 향일암' 못지않은 역사와 절경을 자랑하는 사찰이다. 의상대사가 창건한 이후, 많은 고승을 배출하였고, 화랑들이 심신을 연마했던 곳이다.

무이산의 8부 능선에 자리 잡은 문수암에 가끔 들르는 편이다. 이곳에 오는 목적은 바위틈 사이에 보인다는 천연의 문수보살상을 보기 위해서가 아니다. 그렇다고 부처의 공덕을 빌어 부덕한 마음을 정화하고 싶은 마음도 없다. 파노라마처럼 펼쳐지는 수십 폭의 다양한 풍경화를 볼 수도 있고 어머니와 함께했던 짧은 여행이 두고두고 생각나기 때문이다.

사리탑이 있는 전망대에 서면 자연이 만들어 놓은 울타리에 갇힌 기분이다. 사찰 뒤편에는 수직 바위들이 병풍처럼 서 있고, 좌우 양쪽에는 잎맥 모양으로 뻗은 나지막한 산들이 암자를 에워싸고 있다. 산 중턱에 걸린 하얀 구름송이는 가부좌를 틀고 참선하는 스님의 모습을 연상케 한다. 눈앞에 보이는 올망졸망한 섬들이 개울의 징검다리처럼 놓여 있어 전망대에서 그물을 던지면 몇 개는 건져 올릴 것 같다. 그림 속에서 빠져나온 작은 새 한 마리가 하늘을 빙빙 돌며 어미를 찾아 헤매는 듯하다.

20년이 훨씬 지났다. 어머니가 돌아가시기 2년 전, 처음이자 마지막으로 단둘이 1박 2일 여행을 갔었다. 남해안으로 가던 중 문수암을 방문했다. 어머니는 전망대에 앉아 과거의 어려웠던 시절, 특히 내가 어릴 때, 고향에 혼자 남겨져 고생했던 것이 가슴에 한으로 남아 있다는 이야기를 하셨다. 손수건으로 눈물을 닦고 또 닦으셨다. 나는 다 지나간 일이라고 말은 했지만, 눈시울이 뜨거워지는 것은 막을 수 없었다. 어머니에 대한 그리움이 쌓이면 힘들었던 지난 추억과 더불어 문수암이 떠오른다. 아마 나는 언젠가 여기에 또 혼자 와서 있을 것이다.

난데없이 전망대 아래쪽에서 피리 소리가 구슬프게 들려온다. 처량한 소리는 사람의 마음을 이유 없이 끌어당긴다. 잡풀이 가득한 오솔길을 따라 내려갔다. 나이를 분간할 수 없는 남자가 모자를 푹 눌러 쓴 채 작은 바위에 앉아 피리를 불고 있다. 나는 그가 눈치채지 못하게 조용히 풀밭에 앉았다. 그는 〈인생유정〉, 〈칠갑산〉 같은 애잔한 노래를 계속 연주했다. 애끓는 피리 소리가 지나간 세월의 아픔을 바다에 하소연하는 것처럼 들린다.

그는 피리를 불면서 눈물을 흘리고 있을지도 모르겠다. 배를 타고 나간 아버지가 몇 년 동안 연락이 없는 건지, 고생만 하다가 돌아가신 어머니가 그리운 건지, 일찍 세상을 떠난 어린 자식이 보고 싶은 건지, 아니면 나처럼 힘들게 살았던 시절을 생각하거나 삶에 대한 회의감을 느끼고 있을지도 모르겠다. 생전 처음 보는 사람이지만 같은 생각과 마음을 갖고 있으면 동정심이 생긴다. 그 남자의 피리 소리를 조용히 들으며 내 기억 속의 피리를 떠올려 본다.

나는 어릴 적 풀피리를 잘 불지 못했고, 학교에서 배운 피리를 부는 것도 시원찮았다. '삐이~'하고 이상한 소리만 나서 피리를 굳이 배우려고 노력하지 않았다. 친구들이 피리를 불 때, 나는 입으로 '삘릴리' 소리 내는 것이 훨씬 편하고 좋았다. 다만 초등학교를 졸업할 무렵 『하멜른의 피리 부는 사나이』에 관한 이야기를 듣고 나에게도 마법의 피리가 있으면 좋겠다고 생각했다. 나에게 요술피리가 있었다면 가난에 찌든 나의 유년 시절을 바다에 묻었을 것이다.

고등학교를 다니면서부터 나는 피리 부는 사나이가 되었다. 가수 '송창식'이 〈피리 부는 사나이〉라는 가요를 발표했고, 그 노래는 나를 위해 만든 곡이라고 생각했다.

> 나는 피리 부는 사나이/ 걱정 하나 없는 떠돌이/ 은빛 피리 하나 갖고 다닌다./
> 모진 비바람을 맞아도/ 거센 눈보라가 닥쳐도/ 입에 피리 하나 물고서/ 언제나 웃고 다닌다./
> 갈 길 멀어 우는 철부지 새야 나의 피리 소리 들으려무나/ 삘릴리 삘릴리리(하략)
>
> – 송창식의 〈피리 부는 사나이〉 중에서 –

그때도 피리를 싫어했고 다룰 수도 없었지만 '모진 비바람을 맞아도 거센 눈보라가 닥쳐도 입에 피리 하나 물고서 언제나 웃고 다닌다.'는 가사가 마음을 끌어당겼다. 게다가 경쾌한 리듬에 맞춰 천진난만한 표정을 지으며 허수아비처럼 두 팔을 벌리고 노래하는 송창식의 모습도 매력적이었다. 그때부터 송창식의 노래는 거의 다 따라 불렀고 지금 10대들처럼 열렬한 팬이 되었다.

노래를 부르면 기쁨은 배가 되고 슬픔은 절반으로 줄어든다. 외롭고 쓸쓸할 때 이 노래를 부르며 마음을 달랬다. 아무도 없는 골목길을 혼자 지날 때는 송창식의 표정과 동작까지 흉내를 내며 즐거워했다. 실성한 사람처럼 크게 웃다가 누군가 다가오는 인기척이 들리면 골목길을 달려 나왔다. 송창식의 〈피리 부는 사나이〉는 내가 세상의 밝은 면을 볼 수 있도록 도와준 가이드였는지도 모르겠다. 40년이 지난 지금도 친구들과 노래방에 가면 가끔 불러야 하는 애창곡 중 하나다.

일주문도 없는 문수암을 나서야 할 시간이 되었다. 그 남자의 뒷모습이 처량하게 보이지는 않는다. 어떤 아픔이 있는지 모르겠지만 그에게는 피리가 있고, 그 소리를 들어줄 산과 바다가 있다. 한 가지 바란다면 '삘릴리 삘릴리리' 피리 소리를 내면서 언제나 웃는 멋쟁이가 되었으면 좋겠다.

작은 행복

1. 장미 한 다발

A는 중소기업에 다니는 기술직 노동자다. 월급은 적지만 시장에서 옷가게를 하는 아내 덕분에 아들딸을 어렵지 않게 대학까지 공부시켰다. 15년 전 운영하던 공장이 부도나면서 빈털터리가 되어 삶을 포기하고 싶을 때도 있었다. 이제 자그마한 아파트에 살면서 중고차도 한 대 굴릴 수 있고, 자식들도 다 키웠다는 사실에 만족하면서 즐겁게 살려고 노력한다. 그는 아무 불평 없이 함께 고생하면서 살아준 아내를 늘 고맙게 생각하고 있다.

아내가 환갑이 되는 생일이 가까워질수록 무슨 선물을 해주어야 하는지를 고민하게 되었다. 차를 몰고 퇴근하던 중, 신호를 기다리다가 꽃을 한 다발 들고 횡단보도를 건너가는 젊은이를 보았다. '아! 꽃. 장미.' 그의 머릿속은 결혼 전 아내와 데이트를 하던 시간으로 가득 채워졌다. 아내와 함께 주택가를 걷다가 담벼락을 타고 내려오는 빨간 장미꽃이 오롱조롱 매달려 있는 것을 보았다. 한 송이를 꺾어 아내에게 주었고, 아내는 너무 좋아하며 씽글거렸다.

아내의 생일 전날, A는 비상금을 털어 동네 꽃집에서 장미 한 다발을 샀다. '사랑합니다. 축하합니다.'라고 적은 쪽지와 함께 아내의 품에 안겨주었다. 아내는 꽃다발을 식탁에 올려놓고 "무슨 돈으로…, 쓸데없는 꽃을 왜 이렇게 많이 샀어요." 라고 화를 내며 방으로 들어갔다.

다음날 A는 새벽에 일어나 거실로 나왔다. 식탁의 꽃병과 거실의 커다란 물병에 장미가 예쁘게 담겨 있었고, 장미와 아내의 향기가 온 집안을 가득 채웠다. 꽃병 아래 아내가 적어놓은 메모도 있었다. '나도 당신을 사랑합니다. 챙겨줘서 고맙습니다.' A는 울컥하는 감정을 억누르며 입가에 엷은 미소를 지었다.

2. 어떤 남자의 일상

B는 어려운 환경에서 학창 시절을 보냈다. 모두가 가난하던 시절이어서 누구를 원망할 것도 없었다. 학교 가면 친구를 만날 수 있어 좋았고 김치와 멸치 반찬으로 도시락을 나누어 먹을 수 있다는 사실에 만족했다. 가끔은 교무실에 불려가 몇

시간 동안 무릎 꿇고 반성문을 적었지만 지루한 물리나 화학 수업을 듣지 않아도 된다는 생각으로 위안 삼았다. 학업 성적이 뛰어나지 못했고 형편도 어려워 이름있는 대학에 가지 못했으나 인근 지방대학이라도 다닐 수 있어서 천만다행으로 생각했다.

B는 가정보다 직장이 우선이라고 생각하며 회사 일에만 최선을 다했다. 밤을 새워 일한 적도 있지만 술을 마신 적이 더 많다. 직장에서 살아남기 위해 어쩔 수 없는 선택이었다. 상사를 잘 모시고 동료들과 잘 어울려야만 직장에 오랫동안 붙어있을 수 있고 그것이 가정을 위한 길이라고 판단했다. 집안의 경조사와 자식 교육은 아내가 알아서 할 일이었다. 아내에게 잔소리를 많이 들었지만, 소귀에 경 읽기였다. 퇴직한 지금은 가정에 너무 소홀했다는 것을 반성하며 아내에게 미안한 마음을 갖고 산다.

이제 B는 아내가 시장에 가면 기사와 짐꾼을 자처한다. 마트나 백화점의 할인판매 상품을 구경하면서 소곤소곤 대화도 많이 나눈다. 아내가 바지를 고르면서 검은색과 베이지색 중에서 어떤 것이 좋은지를 물으면 베이지색이 좋다고 말한다. B가 점심을 살 때는 '돼지국밥'을, 아내가 사면 '아귀찜'을 먹는다. 서로의 생각을 존중하며 맛있게 먹는다. 식사 후, 함께 마시는 자판기 커피는 더욱 달콤하다. 가끔 아내와 극장에 간다. B는 영화를 볼 때마다 아내의 손을 잡을까 말까 고민하고 있다.

3. 나눔의 행복

C는 50대 중반에 다니던 직장에서 명퇴하고 고향, 청도로 내려왔다. 돌아가신 아버지가 농사짓던 땅에 어릴 적 꿈을 심어 자신의 유토피아를 만들고 싶었다. 동네 어르신들과 일찍 귀농한 친구들에게 많은 것을 배우면서 열심히 노력했지만 이삼 년 동안 별다른 결과가 나타나지 않았다. 그는 토양과 날씨, 기온과 식물의 특성, 작업내용과 사진 등을 기록하고 분석하며 취업을 준비하는 대학생처럼 연구를 계속했다.

6년이 지나면서 성과물이 나오기 시작했다. 동네 사람들과 친척들에게 과일과 채소를 자랑스럽게 나누어줄 수 있었고, 농산물시장에도 당당하게 자신의 이름을 건 상품을 경매에 내놓았다. 그제야 도시에서 생활하던 아내도 시골로 내려와 남편의 농사일을 거들었다. 동네 사람들로부터 어느 정도 인정을 받는 농사꾼이 되었고, 나름 자부심과 긍지를 갖고 깨끗하고 품질 좋은 친환경 농산물을 생산하기 위해 최선을 다하고 있다. 그는 '작물은 농부의 발걸음 소리를 듣고 자란다.'라는 말을 믿는다.

C가 고향에서 농사를 시작한 지 10년이 지난 작년 늦가을. 도시에 사는 친구 두 명이 농장을 방문했다. 운문댐과 망향정이 보이는 농장의 깔끔한 자연환경을 보고 친구들은 두 팔을

벌려 숨을 크게 내쉬었다. 각각의 모양과 색깔을 뽐내고 있는 고추와 배추, 사과와 대추, 단감나무와 뽕나무를 보면서 친구들은 입을 다물지 못했다. 친구들은 자신의 영토 위에서 꿈을 키워가고 있는 C를 부러워했고, C의 아내에게는 대단하다는 격려와 함께 엄지척을 해주었다. C 부부는 친구들에게 과일을 한 보따리씩 싸주면서 온몸에 넘쳐 흐르는 행복도 함께 나누어 주었다.

성공과 명예, 부를 거머쥔 사람이 반드시 행복한 것도 아니고, 때를 묻히고 허리를 숙이며 밑바닥 인생을 사는 사람이라고 불행한 것도 아니다. 행복은 물질적 부유함과 비례하는 것도, 남들이 대신 평가해주는 것도 아니다. 심리학자나 경제학자들이 만들어 내는 '행복지수'라는 통계도 그렇게 큰 의미는 없다.

행복은 자신의 일상생활에서 만족과 기쁨을 느끼는 상태를 말한다. 형편이 조금 어렵더라도 서로 이해하고 배려하는 마음만 있다면 우리가 원하는 작은 행복을 잡을 수 있다고 생각한다.

파랑새는 우리의 마음속에 있다.

산복도로 계단

부산의 대표적인 산복도로는 초량에 있다. 초량草梁은 '풀밭의 길목'이란 뜻이고 6·25전쟁 당시에도 산기슭에 목장이 있었던 곳이라고 한다. 부산에 피란민들이 몰려오면서 풀밭은 집터로 바뀌었고 산복도로와 계단이 만들어졌다. 우리 가족이 부산에 이사 와서 처음 살던 곳은 초량이다. 그곳에서 태어난 막내가 초등학교 1학년을 다닐 때까지 살면서 정이 많이 들었던 곳이다.

얼마 전, '초량 이바구길'이 방문객들의 좋은 호응을 얻고 있다는 인터넷 기사를 읽었다. 호기심에 지하철을 타고 초량에 있는 목적지를 찾아갔다. 길 가장자리에 설치된 관광안내도를 보았다. 안내판을 보는 순간 눈이 번쩍거렸다. 이바구길은 낯

선 길이 아닌 내가 10년 가까이 오르내리던 산복도로와 우리가 살던 동네가 포함되어 있었다. 20년 넘게 헤어졌던 친구를 만나는 반가운 마음과 함께 옛날에 살던 집이 그대로 있을까 하는 궁금증도 더해졌다.

나의 머릿속에는 이바구길보다 산복도로를 오르내리던 기억으로 가득 채워졌다. 초량의 산복도로는 시내버스가 다니는 윗길과 차 두 대가 겨우 비껴갈 수 있는 아랫길이 있다. 우리 가족은 '48계단'을 오르면 나타나는 산복도로 아랫길의 나들목에 살았다. 그곳에서 산복도로 윗길로 가는 가장 빠른 지름길은 경사 45도, 길이 40m의 아찔한 '168계단'을 이용하면 된다. 산복도로 윗길에서 두 계단을 이용하여 달리면 부산역까지 금세 도달할 수 있다.

계단은 사람과 공간을 이어주는 층층대다. 회사나 학교 건물로 들어가기 위해, 법당이나 예배당에서 기도하기 위해, 비행기에 탑승하기 위해 계단을 이용해야만 한다. 아무리 힘들고 어려운 일이 있어도 한 계단 한 계단 천천히 밟고 올라가야만 목표가 보인다. 사람들은 현실에 순응하면서 더 나은 미래를 위해 계단을 오르내린다. 나는 내 몸과 마음이 쉴 수 있는 우리 집으로 가기 위해 산복도로 계단을 올라야만 했다.

아이들이 잠깐 다녔던 초량초등학교 담벼락을 지나면 48계단이 나온다. 계단을 따라 설치된 철재 난간을 잡았다. 젊은 시절, 직장 동료들과 술을 한 잔 마신 후 버스를 타고 부산역

앞에서 내렸다. 완만하게 경사진 도로를 따라 10여 분을 급하게 올라오면 숨이 차서 계단을 오르는 게 부담스러웠다. 난간을 잡고 3분 정도 쉬었다. 짧은 시간이지만 하루 일과를 정리하고, 반성하기에는 부족하지 않았다. 그때나 지금이나 철재 난간은 여전히 차갑게 느껴지지만 '내일은 더 잘하자.'라는 다짐을 할 수 있도록 만들어준 고마운 나침반이었다.

추억의 계단을 올랐다. 내가 살던 2층집이 보인다. 집은 좀 낡았지만 파란 대문에 연분홍색 담장이 그대로다. 2층에 살면서 아랫동네와 바다를 내려다보는 즐거움도 있었지만 불편함도 많았다. 애들이 뛰어다닌다는 이유로 1층 주인집의 잔소리도 제법 들었다. 겨울에는 외풍이 심해 기침을 자주 했고 연탄재를 버리는 것도 큰일이었다. 춥고 힘들었지만, 애들이 건강하고 바르게 성장하는 모습을 보면서 즐거움과 희망을 잃지 않았다. 무엇보다 직장까지 그만둔 아내가 머슴애 둘 키우면서 이래저래 고생을 많이 했다는 생각을 떠올리니 안쓰러운 마음이 든다.

산복도로 정상으로 향하는 막바지 고비는 숨이 턱 막힐 정도로 까마득한 '168계단'이다. 최근에 설치된 모노레일을 타고 편안하게 올라갈 수도 있지만, 그 편리는 산복도로의 진정한 의미를 반감시킨다. 힘들면 계단에 앉아 부산역과 바다를 바라보며 잠시 쉬면 된다. 느긋한 마음으로 계단을 하나하나 밟고 올라갔다.

계단이 없는 산복도로는 없다. 계단을 오르면서 나뭇가지처럼 뻗어 있는 샛길을 따라 각자의 집으로 들어간다. 비록 집은 허름하지만 따뜻하고 아늑한 보금자리다. 앞집의 옥상은 뒷집의 빨래와 생선을 말리는 곳이고, 뒷집은 앞집의 바람막이 역할을 한다. 산복도로 사람들은 밤하늘의 별을 보면서 더 높은 계단을 밟고 올라가기를 꿈꾼다. 그 계단의 끝에는 사랑과 행복의 열매가 달려 있다고 믿고 있다. 그래서 그들은 누구보다 더 열심히 하루를 보낸다.

1960~70년대 사람들은 삶을 위해 산복도로 계단을 올랐다. 여자들은 계단 아래의 우물에서 길은 물을 머리에 이고, 막노동을 하는 가장은 온종일 일하고 받은 일당으로 식량을 구매해서 가족들이 기다리는 집으로 가기 위해, 우체부 아저씨는 희로애락이 담긴 전보와 편지를 전하기 위해, 초량초등학교의 어떤 학생은 100점 받은 기쁨을 할매 할배에게 자랑하기 위해 168계단을 올랐을 것이다.

애들과 함께 산복도로 최상단에 있는 구봉산의 약수터까지 가기 위해 168계단을 몇 번 이용한 적이 있다. 계단 중간중간에 중년이나 노인들이 부산역과 바다를 보면서 앉아 있는 것을 여러 번 보았다. 그때는 그들이 지루한 시간을 보내기 위해 계단 높은 곳에 앉아 있다고만 생각했다. 그게 아니었다.

부산항에서 일감이 있다는 신호로 뱃고동이 울리면 그들은 단걸음에 뛰어 내려갔다. 기차가 검은 연기를 푹푹 토하면서 부산역으로 들어오면 서울로 돈벌이 간 지아비나 아들이 돌아오지나 않을까 하는 기대감에 눈이 빠지게 바라보는 곳이었다. 언젠가 저 아랫동네에 내려가 살 수 있을 거라는 작은 꿈을 꾸던 곳이기도 하다. 산복도로 사람들에게 계단은 가족 간의 마음을 이어주는 통로였고 간절한 희망을 바라보는 전망대였다.

정상에 오르면 '까꼬막(산비탈)'이라는 전망 좋은 찻집이 자리 잡고 있다. 따뜻한 커피를 마시면서 힘들게 올라온 계단과 부산역, 바다를 바라본다. 세월이 흐르면서 산복도로 동네에도 많은 건물과 아파트가 들어서 있다. 기차는 더 빨라졌고, 바다는 점점 더 멀어지고 있다. 이제 부산역의 기차를 바라보는 사람도, 뱃고동 소리에 뛰어 내려갈 사람도 없지만 '산복도로 계단'은 사람들의 작은 소망을 하늘로 올려주고 있다.

바닷가 산책

외출의 계절이다. 거실에 들어온 햇살이 온몸으로 스며든다. 아이들과 새들의 재잘거리는 소리가 창문 틈 사이로 들어온다. 베란다의 이파리들도 바깥으로 방향을 돌리고 있다. 화단의 봄꽃들은 본색을 드러내며 누군가를 유혹한다. 산과 바다의 풍경이 눈앞에 아른거린다. 밀폐된 공간에서 벗어나 밖으로 나가고 싶다.

바다 내음을 맡으며 산책이라도 해야겠다. 너무 복잡하지도 한적하지도 않은 광안리 바다가 가까운 거리에 있다. 남천동 해변에서 출발하여 해수욕장과 회센터를 지나 수변공원까지 해변 산책로를 따라가면 이것저것 새로운 풍경을 만날 수 있다. 잊고 있던 활력도 찾을 수 있을 것이다.

편안한 복장에 운동화를 신고 나선다. 여유를 만끽하려면 다른 사람의 시선이나 패션을 의식하면 안 된다. 함께 산책할 동행자도, 소지품도 필요 없다. 스마트폰과 이어폰, 읽을거리는 잠시 집에 보관해 둔다. 그것들은 모처럼 찾은 자유를 구속으로 바꾸어 놓을지도 모른다. 산책하는 동안은 오롯이 나 자신을 위한 시간이다.

가끔 뒷산에 갈 때도 있지만 바닷가를 산책하면 기분이 더 좋다. 어린 시절부터 갖고 있던 바다에 대한 막연한 동경심이 여전히 남아 있다. 한때는 외항선을 타고 세계 곳곳을 누비는 마도로스가 꿈이었다. 굵직하고 뭉툭한 파이프를 입에 물고 망망대해를 누비고 싶었다. 지금은 유람선에 몸을 싣고 작은 섬을 여행하는 것으로 만족하며 살아야 한다.

4월의 날씨는 춥지도 덥지도 않다. 두 팔을 가볍게 흔들고 시선은 좌우로 살피면서 걷는다. 어딘가에서 달려온 마파람은 머리카락을 흩날린 후, 나를 앞서 달려간다. 심장으로 파고 들어온 해변의 신선한 공기는 핏줄을 타고 발끝까지 내려간다. 뱃고동 소리가 들려오고 남천동 벚꽃 향기까지 날아온다. 내가 봄이 된 기분이다. 봄이 광안리 바닷가를 활기차게 걸어간다.

해수욕장에 도착하면 모래사장을 넘나드는 파도의 끝자락을 밟고 걷는다. 그곳은 바다와 내가 교감을 나눌 수 있는 구역이다. 신발과 바지가 좀 젖어도 좋고 한 번 넘어져도 괜찮다.

파도가 발끝에 닿으면 바다의 따뜻하고 넓은 포용력을 느낀다. 새로운 흔적을 남기며 사부작사부작 걷는다. 아쉬운 마음에 뒤를 돌아보고, 또 돌아본다. 어느새 세속의 흔적은 사라지고 없다. 가슴속의 멍울도 소리 없이 흘러내린다. 바다가 나의 이기심과 오만함을 이해하고 감싸주는 듯하다.

백사장에 퍼질러 앉아 봄맞이 나온 행락객들을 살펴본다. 아이들은 동화에 나오는 모래성을 쌓고 학생들은 동그랗게 둘러앉아 손뼉을 치며 노래를 부른다. 젊은 연인들의 화사한 복장은 봄꽃을 대신한다. 손을 잡고 걷는 노부부의 얼굴에는 미소가 끊이지 않는다. 백사장의 사람들 모두가 밝은 표정이다. 젊은이들의 활기찬 모습도 보기 좋지만 다정다감하게 걸어가는 노부부의 모습은 마냥 부럽기만 하다.

파라솔 의자에 앉아 있는 여자 주위로 예닐곱 마리의 갈매기들이 모여 있다. 여자가 던지는 과자를 쪼아 먹는다고 바쁘다. 십여 미터 앞에는 한 남자가 이젤에 걸쳐진 캔버스에 여자와 갈매기의 모습을 스케치하고 있다. 갑자기 인상파 화가 '모네'의 작품, 〈트루빌 해변의 카미유〉가 생각난다. '카미유'는 모네의 아내 이름이다. 하얗게 부서지는 파도를 배경으로 양산을 비껴들고 있는 아내의 모습을 그린 그림이다. 왜 바다를 배경으로 한 여자의 모습을 화폭에 담을까. 여자와 남자 누가, 무엇을 원했을까.

다시 걸으면서 광안대교를 바라본다. 상판의 차들은 이기대를, 하판의 차들은 해운대를 향해 달려간다. 차를 타고 있는 사람들은 누구를 만나기 위해 집에서 나왔거나, 누구랑 헤어지고 집으로 돌아가는 중이다. 세상에 영원한 만남도 영원한 기쁨도 없다. 만남의 기쁨은 이별의 슬픔을 위한 전주곡일 뿐이다. 나를 알고 좋아하던 많은 사람이 떠났고 지금도 떠나고 있다. 나도 그들과 이별을 했고 또 다른 이별을 준비해야 한다. 그러면서 또 누군가를 만나 기뻐할 것이다.

횟집 건물이 100m 정도 즐비해 있는 회센터 앞을 걷는다. 내가 다른 안주보다 해산물을 좋아한다는 이유로 친목 단체 모임을 수차례 했던 곳이다. 바다를 보며 소주를 털어 넣었던 나의 체취가 건물 어딘가에 남아 있을지도 모른다. 옛날에 자주 갔던 장소에 오면 그곳에 다시 가보고 싶은 마음이 생긴다. 호객행위를 하는 아주머니들의 목소리까지 귓전을 때린다. 추억은 마음속에 있을 때 아름답다. 언젠가 다시 갈 수 있다는 기대를 안고 걸음을 재촉한다.

인적과 차량 통행이 뜸한 방파제 길이다. 단순하고 지루한 산책로를 벗어나 폭이 50㎝에 불과한 둑길에 올라 걷는다. 둑길은 육지와 바다의 경계선이다. 한쪽은 낭떠러지, 반대쪽은 한번 빠지면 나오기 힘든 테트라포드 밭이다. 우리 주변에는 많은 위험과 유혹이 있다. 어떤 상황이 닥치더라도 중심을 잘 잡고 나가야 한다. 잘못된 방향으로 가고 있다면 자신의 실수를 인정하고 반성할 수 있는 용기도 필요하다. 욕심을 버리고 한발 한발 나아갈 때 행복이 우리 곁으로 다가온다.

수변공원에 설치된 벤치에서 두 팔을 쭉 뻗으며 간단한 스트레칭을 해본다. 건강을 위해 스포츠센터에 다니는 사람도 있다. 그것도 좋은 방법이지만 하루 30분 정도 걷는 유산소운동도 생각보다 괜찮다. 산책을 꾸준하게 하면 몸을 활기차게 만들어 스트레스와 우울증 해소에 도움이 된다. 바다를 보며 햇살까지 받고 자연이 제공하는 보약까지 마셨으니 마음이 조금 넓어지고 신체 리듬은 정상으로 돌아가는 느낌이다.

눈앞에 보이는 수영만의 마천루와 광안대교가 열십자(十) 모양으로 교차하고 있다. 갈매기 한 마리가 교차점 주위를 빙빙 맴돌고 있다. 자신의 목표를 위해 어느 좌표로 날아갈 것인지를 선택해야 한다. 어디를 선택하든 편하고 즐거운 삶은 없다. 묵묵히 최선을 다해 정진한다면 그 길이 꽃길이다.

호적 없는 아저씨

대학시험에 떨어졌다. 넉넉지 않은 형편에 재수학원을 다녔다. 처음 두세 달은 공붓벌레처럼 책과 씨름했다. 오월의 탐스러운 꽃들과 연둣빛 신록은 나를 신비스러운 들판으로 끌어냈다. 친구와 술, 오락의 유혹에 빠져들었다. 어영부영 한 달을 보내며 미래에 대한 두려움이 몰려왔다. 다시 시작하면 된다는 희망 대신, '꼭 대학에 가야 하는가'라는 의구심이 들었다. 지루하고 답답한 현재의 환경에서 벗어나고 싶었다.

6월 학원비를 받아 가출을 감행했다. 몇 벌의 옷가지만 챙겨 마산역으로 향했다. 식당 종업원을 하든 노가다를 하든 다시는 집으로 돌아오지 않겠다고 마음을 먹고 전라도 광주로 향하는 비둘기호에 몸을 실었다. 난생처음 혼자 여행을 한다는 설렘과 미지의 세계로 간다는 기대감에 내 가슴은 풍선처럼 부풀어 올랐다. 앞으로 가족들을 볼 수 없다는 아쉬움은 있었지만, 야망을 향해 달리는 젊은 청춘에게 가족 걱정은 사소한 문제에 불과했다. 차창 틈새로 들어오는 바람이 그렇게 시원할 수 없었다.

허름한 여인숙에 숙소를 정했다. 여기저기 구경하고 맛있는 거 사 먹으며 즐겁게 시간을 보냈다. 한가하고 행복한 열흘이 쏜살처럼 지나갔다. 호주머니 돈은 바닥나고 있었다. 나를 챙겨주는 사람은 아무도 없고, 나의 존재가 생각만큼 중요한 사람이 아니라는 것을 알았다. 어쨌든 일자리를 구해야 했다. 시장과 식당가 주변을 종일 돌아다녔지만 허사였다. 먹구름이 눈앞으로 다가오고 있었다.

이대로 돌아갈 순 없다. 칼을 뽑았으면 무라도 잘라야 하는데…. 쪽방 문을 열고 소주를 마시고 있었다. 옆방에 거주하는 40대 아저씨가 맥주를 들고 왔다. 대전에서 왔다는 아저씨는 보증을 잘못 섰다가 알거지가 되었고, 이혼까지 했다고 한다. 이런저런 이야기 끝에 내일부터 아저씨를 따라 공사장에 나가기로 했다.

잔심부름하고 못을 뽑는 잡부로 이틀을 보냈다. 특별한 어려움은 없었다. 사흘째부터는 자재를 나르고 오삽으로 콘크리트를 비벼야 했다. 갈수록 강도가 심해졌다. 벽돌을 담은 질통을 메고 구멍 뚫린 철판 계단을 밟으며 3층까지 올라갔다. 돈내기여서 죽기 살기로 달려들었다. 너무 힘들었다. 세상에 이보다 더한 고통은 없다고 생각했다. 일을 마치면 콩나물국으로 배를 채우고 소주로 고달픔을 달랬다. 3천 원 정도의 일당으로 식비와 방세를 주고 나면 남는 것은 천몇백 원 정도였다.

나는 너무 피곤해서 일찍 숙소로 왔지만, 아저씨는 매일 단골 술집으로 향했다. 간단하게 씻고 자리에 눕는 순간, 노크 소리가 들려왔다. 구석 후미진 방에서 기거하고 있는 30대의 젊은 아저씨였다. 자의 반 타의 반으로 아저씨 방에 따라갔다. 짜장면, 탕수육, 만두와 함께 졸업식 날 친구들과 중국집에서 신나게 마셨던 고량주가 신문지 위에 놓여 있었다. 눈이 휘둥그레졌다. 아저씨는 어린 나에게 먼저 술을 따라주며 마시게 한 후, 소스를 듬뿍 찍은 돼지고기 튀김 하나를 입에 넣어주었다. 내가 여인숙에 오는 날부터 관심 있게 지켜보았다면서 나를 편하게 만들어 주었다.

아저씨가 먼저 자신을 소개했다. 그릇 공장에서 일한다는 아저씨는 호적이 없다고 했다. 깜짝 놀랐다. 주민등록이 없는 사람이 있다는 이야기는 들었지만, 호적이 없다는 사람은 듣지도 보지도 못했다. 자신이 태어나자마자 부모가 이혼했고, 출생신고를 하지 않은 채 할머니 집에 맡겨졌다. 키울 능력이 없는 할머니는 아이를 먼 친척 집으로 떠넘겼고, 다섯 살 때쯤에 고아원에 보내졌다. 여덟 살 때, 고아원 원장으로부터 자신의 출생 비밀과 학교에 갈 수 없다는 이야기를 들었다.

길거리를 방황하던 중, 거지 패거리들과 어울리게 되었고, 열 살이 넘으면서 식당, 가게, 공장을 옮겨 다니며 하루살이처럼 살았다. 열다섯 살쯤에는 야학에서 글을 배웠다. 나름대로 기술도 익히면서 열심히 살았지만 아파도 병원에 가지 못했고, 좋은 여자를 만나고도 결혼을 할 수 없었다. 월세나 전세방도 계약하기 어려워 그냥 여인숙에서 몇 년째 머물러 있다고 한다. 아저씨는 술을 몇 잔 마시면서 "나에게 호적만 생기면 어떤 일도 할 수 있고, 누구 못지않게 행복하게 살고 싶다."며 눈시울을 적셨다.

나는 멍멍한 상태에서 부끄러움을 느꼈다. '부모 형제도 있고, 해야 할 공부도 있는 데…, 내가 지금 왜 여기에 있을까?' 가출한 이유를 말하면서도 창피하고 민망스러웠다. 아저씨는 내 손을 잡으며 내일 당장 호적이 있는 마산으로 돌아가 열심히 공부하라고 단호하게 말했다. 사람은 누구나 실수할 수 있는데, 그 실수를 얼마나 빨리 깨닫고 올바른 길을 갈 수 있느냐가 더 중요하다는 말도 덧붙였다.

아저씨와 마지막 건배를 한 후, 방으로 돌아왔다. 잠시 귀신에 홀린 듯한 기분이 들었다. 잠을 청하면서 내일 집으로 돌아가 다시 학원에 다녀야겠다고 마음먹었다. 공사장에서 일하는 것보다 책상에 앉아 공부하는 게 훨씬 쉽다는 생각이 뼛속 깊이 스며들었다. 가족들에게 들을 꾸지람은 시간이 지나면 해결될 것이다.

다음 날 새벽. 5시가 조금 넘어 아저씨가 나를 깨웠다. 내가 머리를 감고 말리는 동안 아저씨는 내 가방에 옷가지를 챙겨 넣었다. 5분 정도를 걸어 광주역에 도착했다. 마산으로 향하는 비둘기호의 개찰 시간은 넉넉히 남아 있었다. 인근 식당으로 들어가 간단하게 아침을 먹었다. 김이 모락모락 올라오는 시래깃국 속에 가족들이 나를 부르는 모습이 보였다. 눈물을 뚝뚝 흘리며 몇 숟가락 떠먹었다. 감사의 인사를 몇 번 드리며 기차를 탔다. 아저씨는 웃으면서 손을 흔들어 주었다.

새 출발을 하자는 다짐을 하면서 스르륵 잠이 들었다. 검표원이 깨웠다. 진주를 지나고 있었다. 다시 잠을 청하려다 가방 속에 숨겨 둔 비상금이 갑자기 생각났다. 혹시나 하는 마음에 가방의 지퍼를 급하게 열었다. 가방 한쪽 귀퉁이에 두 번 접힌 흰 봉투가 눈에 들어왔다. 봉투를 동그랗게 열었다. 만 원짜리 석 장이 들어 있었다. '아! 아니, 아저씨가….' 봉투 뚜껑 안쪽에 깨알 같은 글씨가 삐뚤삐뚤 적혀 있었다.

'7월 학원비에 보태라. 나는 네가 너무 부럽다.'

턱

횡단보도의 녹색불이 깜박거린다. 찬거리가 들어 있는 까만 봉지를 양손에 들고 뛰었다. 중간쯤 건너자 신호가 빨간불로 바뀌었다. 더 빨리 달렸다. '으악!' 뭔가에 걸리면서 도로에 찰싹 달라붙었다. 비닐봉지에서 튀어나온 감자는 사방으로 흩어졌고, 신호대기 중이던 차들은 빵빵거린다. 마침 인도에 있던 아주머니들의 도움으로 사태는 빠르게 수습되었다. 지나가던 행인들은 손으로 입을 가린 채 웃고 있었다. 무릎과 팔꿈치의 아픔은 뒷전이고 창피해서 땅속으로 숨고 싶었다.

애들은 장난을 치거나 한눈을 팔다가 자주 넘어진다. 어른들은 급하게 뛰어가거나 스마트폰을 조작하면서 보행을 하다가 넘어지는 경우를 가끔 볼 수 있다. 도로의 한 부분이 갑자기 조금 높게 되어 있는 '턱'에 걸리면서 생기는 일이다. 넘어진 사람도 보는 사람도 황당하다. 아픈 표정을 짓는 사람에게 웃을 수도 없고 뭐라고 말하기도 그렇다. 더구나 젊은 아가씨가 넘어지면 달려가서 부축해주고 싶은 마음이야 꿀떡 같지만 애써 외면한 채 가던 길을 서둘러 가야만 한다.

아프리카의 세렝게티 국립공원에 영양의 일종인 '누(gnu)'가 살고 있다. '누'가 먹이를 찾아 떼를 지어 이동하는 모습을 TV에서 본 적이 있다. 초원에 건기가 찾아와 대지가 메마르면 수십만 마리의 '누'들은 살기 위해 케냐의 '마라강'을 건너야 한다. 강에는 악어가 끔찍한 턱을 쩍 벌리고 그들을 노리고 있다. 강은 '누'들이 목숨을 걸고 넘어야 하는 생사의 문턱이다. 그 턱을 무사히 건너야만 거대한 풀밭에서 새로운 삶을 누릴 수 있다.

턱은 장애물이다. 어떤 일을 진행하면서 심적이든 물적이든 장애물을 만나지 않을 수 없다. 새로운 사업을 추진할 때 '실패하면 어쩌지'라는 심리적 압박감을 이겨내야 한다. 자동차는 도로를 달리면서 과속방지턱을 안전하게 넘어야 하고, 등산하다가 숨이 턱에 차면 잠시 쉬어 가야 한다. 턱을 한 번도 넘지 않고 편안하게 사는 사람은 없다. 강을 건너고 산을 넘어서, 때로는 소낙비를 잘 피해야만 목표지점에 안착할 수 있게 된다.

턱이 꼭 나쁜 것만은 아니다. 일을 시작하기 전, 한 번 더 생각하고 행동하라는 귀띔을 주는 것이다. 그 암시를 무시하고 욕심을 내거나 서두르면 어떤 사고가 발생할지 아무도 예측할 수 없다. 큰 지진이나 태풍이 오기 전 반드시 작은 변화가 일어난다. 그 변화의 턱을 잘 읽고, 해결 방법을 찾는다면 피해를 최소화시킬 수 있다.

수없이 많은 턱이 주변에 널려있다. 그것들의 실체를 인식하고 슬기롭게 대처해 나갈 수 있는 지혜가 필요하다. 한턱을 내는 것으로 장애물을 제거하던 시대는 지나갔다.

줄눈

틈나는 대로 여행을 다닌다. 여행을 자주 간다고 특별히 달라지는 건 없지만 추억과 영상은 남는다. 몇 년 전에 갔었던 안동 문학기행의 자료를 정리하다가 '신세동칠층전탑新世洞七層塼塔'을 찍은 사진에서 특이한 그림이 눈에 잡힌다. 벽돌로 만들어진 전탑 중간중간에 고들빼기 꽃이 몇 송이 피어 있고, 개망초도 푸릇푸릇 자라고 있다. 어떻게 벽돌 사이에서 꽃을 피울 수 있을까.

베란다의 화분에 물을 주다가 벽면을 한참 바라보았다. 이름도 모르는 작은 벌레 한 마리가 타일 사이의 좁고 하얀 길을 따라 열심히 횡단하고 있다. 가끔은 수직으로 방향을 틀어 내려가다가 다시 올라와 앞으로 나아간다. 잠시 미끄러지면 열심히 제자리로 돌아와 계속해서 이동한다. 메카로 향하는 순례자처럼 작은 벌레가 이동하는 저 틈새 길은 왜 만들었을까. 분명 내가 모르는 사연이 있을 것이다.

인터넷을 한참 검색하다가 '줄눈'이란 우리말을 알게 되었다. 건축 용어인 줄눈은 벽돌과 벽돌, 타일과 타일 사이의 공간에 만들어진 틈을 말한다. 그 공간은 벽돌과 타일을 단단하게 고정하기 위해 백회(석회)나 모르타르, 레진, 석재본드 등을 바르거나 채우는 곳이다. 줄눈은 가로줄눈과 세로줄눈으로 구분하고, 벽면의 타일처럼 상통相通하는 줄눈을 '통눈'이라 한다. 전탑이나 벽돌 담장은 하중을 분산시키기 위해 켜켜이 엇갈리게 쌓아 올려 줄눈의 위아래가 서로 통하지 않도록 만들어야 한다. 이런 줄눈은 '막힌줄눈'이라 부른다.

줄눈을 채우는 작업을 '줄눈시공'이라 한다. 줄눈시공을 하지 않고 백시멘트 상태로 두면 균열과 물 때가 생기고, 곰팡이가 번식할 수 있다. 게다가 오염도까지 높아 쉽게 더러워지기도 한다. 반면 다양한 기술의 줄눈시공을 꼼꼼히 하면 위생과 방수에 효과적이고 미관상으로도 좋다. 그래도 시공이 부실하거나 오랜 세월이 지나면 줄눈에 금이 가고 부서져 흘러내릴 수도 있다.

벽면에 벌레가 다니는 길과 전탑에 꽃이 피는 곳의 이름은 줄눈이다. '신세동칠층전탑'은 지은 지 너무 오래되어 벽돌 사이의 줄눈이 부서져 공간이 생겼다. 그 틈에 고들빼기 씨가 날아 들어가 꽃을 피웠고 개망초도 자리를 잡았다. 신라 도공이 처음 전탑을 세울 때 이런 점도 염려했겠지만 수많은 전란과 부실한 관리로 인한 파손은 생각하지 못했을 것이다. 아무리 탄탄한 전탑이라도 세월의 풍파를 이겨내지 못하면 힘없고 연약한 들풀에게 자리를 내어주는 게 자연의 법칙이다.

철로의 레일은 더우면 팽창하고, 추우면 수축하기 때문에 1㎝ 정도 간격을 두고 설치한다. 그렇게 여유를 두지 않으면 여름철의 철로는 활 모양으로 휘게 될 것이다. 인도의 보도블록과 아스팔트 도로, 교량도 온도에 따라 팽창과 수축을 반복한다. 최근에 기록적인 폭염으로 도로가 파손되거나 솟아올랐다는 뉴스를 몇 번 들었다. 도로를 공사할 때 일정 간격으로 팽창 줄눈과 수축 줄눈을 만들어야 하는데 이를 무시하고 작업한 결과 그런 사고가 발생했을 것이다.

동창회나 동아리 모임에 자주 참석한다. 사람들이 많이 모이면 자신의 주장만 내세우며 목소리를 팽창시키는 사람이 있다. 언쟁이 심해져서 회의가 난장판이 되는 경우도 몇 번 보았다. 아무리 화가 나더라도 일정한 한계를 벗어나 개인적인 주장을 내세우거나 너무 위축되어 한마디 말도 하지 못하고 속으로만 구시렁거리면 안 된다. 자신의 목소리를 언제 팽창시키고 언제 수축시켜야 하는지를 알아야 한다. 줄눈 속에 갇혀있는 사각형 타일처럼 일정한 범위 안에서 자신의 의견을 제시해야 한다.

벽면의 줄눈을 보고 있으면 바둑판이나 모눈종이가 연상된다. 좀 더 크게 확대하면 도시계획에 의해 잘 정비된 시가지를 보는 듯하다. 밤중에 멀리서 아파트 유리창을 바라보면 사람들이 줄눈 속에 사는 것처럼 보인다. 줄눈 사이의 사각형 한 칸 한 칸은 우리가 생활하는 주거공간을 의미할지도 모른다는 생각이 든다.

줄눈은 서로의 공간을 공평하고 평등하게 나누어주는 경계선이다. 그 선은 개인의 고유한 활동 범위이기도 하지만 상대를 인정하고 배려하는 마음이기도 하다. 서로의 영역을 침범하지 않고 절제하면서 자유롭게 살 수 있는 구역을 가로세로의 줄눈이 만들어 놓았다.

해운대의 미포항에서 광안대교와 오륙도를 일주하는 유람선을 타면 어김없이 갈매기들이 따라온다. 승객들이 과자나 빵 부스러기를 던지면 잽싸게 날아와 먹이를 낚아채어 먹는다. 마치 갈매기들이 공중서커스를 펼치는 듯하다. 그러다가 광안대교의 중간쯤을 지나면 갈매기들은 모두 돌아간다. 오륙도를 근거로 살아가는 갈매기들의 영역을 침범하지 않기 위해서다. 갈매기들 사이에는 눈에 보이지 않지만, 서로의 터전을 인정하는 줄눈이 그어져 있다. 인간처럼 서로 비난하며 싸우지 않고 서로의 공간을 존중하며 살아가는 갈매기의 행동은 우리에게 많은 것을 암시해 주고 있다.

신혼 시절, 아내와 자주 싸웠다. 1년 가까이 연애를 하면서 서로를 사랑한다는 믿음 하나로 결혼을 했다. 시간이 지나면서 우리는 서로의 내면 깊숙이 잠재된 욕구를 알지 못했다는 사실을 깨달았다. 사소한 일로 다투기 시작하면 아무 관계 없는 형제나 집안 문제까지 들추어냈다. 건드려서는 안 될 고유의 영역까지 휘젓고 들어가 오랫동안 마음의 눈물을 흘리게 했다. 40년이 지난 지금에서야, 그때 왜 철없는 말과 행동을 했는지 후회와 반성을 해본다.

아무리 친한 사이라 할지라도 서로 침범해서는 안 될 마지막 자존심이 있다. '우리는 하나다. 허물없이 지낸다.'라는 말의 뜻은 각자의 개성과 장단점을 파악하고 그 차이를 이해한다는 의미다. 이기적인 말과 행동보다는 상대를 먼저 생각하고 존중하는 마음속의 줄눈을 만들면 사랑과 우정을 오래오래 나누면서 즐길 수 있을 것이다.

타일이나 전탑의 줄눈에 금이 가거나 부서져 흘러내리면 쉽게 보수할 수 있다. 친구나 부부 사이에 줄눈이 허물어지면 복구하기가 여간 어려운 일이 아니다. 서로의 영역을 인정하고 배려하는 마음이 있어야만 더 튼튼한 신뢰 관계를 만들 수 있다.

연화도에 사는 남자

한 남자가 예순일곱 번째 생일을 맞이했다. 아내와 며느리들이 차린 소담한 생일상을 받으며 케이크를 자르고 축하주도 몇 잔 마셨다. 손자들은 재롱을 피우며 노래를 불렀고 자식들은 건강하게 오래오래 살라며 용돈을 두둑이 챙겨주었다. 그는 환한 미소를 지으며 고맙다는 답인사를 했으나 속마음은 털어놓지 않았다.

두세 시간이 지난 후, 자식들 가족이 모두 떠났다. 아내도 친구를 만나러 간다며 서둘러 나갔다. 그는 여행용 가방에 몇 벌의 옷가지를 챙겨 넣었다. '섬에 간다. 찾지 마라.'고 적은 메모지 위에 자신의 스마트폰을 올려놓고 집을 나왔다. 가방을 끌고 가면서 약간 망설이기도 했으나 오랫동안 마음먹었던 생각을 실천에 옮기기 위해 지하철을 타고 시외버스터미널로 향했다.

통영으로 향하는 버스에서 창밖을 보다가 회상에 잠겼다. 지금까지의 삶이 도시인들의 생활을 방영한 다큐멘터리처럼 스쳐 지나간다. 그는 30년간 교직과 회사 생활을 했다. 집안의 주방을 책임지면서 수필을 쓰기 시작한 지 10년이란 시간이 지났다. 요리 실력도 어느 정도 갖추었고 수필집도 네 권이나 출간했다. 이제 가족들을 위해 희생과 봉사할 일도 없고, 자신을 위해 투자하고 개발할 정신적 육체적 여력도 없어졌다. 아내와 자식들은 그의 필요성을 전혀 느끼지 못하고 있다. 이제 혼자 살아가야 할 때가 왔다.

지나간 시간을 마음속에 접어놓고 앞으로 닥쳐올 외로운 시간을 극복해 나가야 한다. 그는 "사람들 사이에서 혼자 사는 것보다 사막에서 혼자 사는 것이 훨씬 더 낫다."는 어느 철학자의 말을 믿어왔다. 도시나 가정에서 혼자라는 외로움은 고통이지만 외딴곳에 혼자 살면 외로움이 아니라 즐거운 고독이 된다. 고독은 사람들의 기피 대상이기도 하지만 새로운 목표를 찾게 해주는 나침반이 될 수도 있다. 그는 지금까지 경험하지 못한 또 다른 행로를 찾기 위해 섬으로 가기를 원했다.

〈나는 자연인이다〉라는 TV 프로를 보면서 산으로 가고 싶은 마음도 있었다. 하지만 지금 나이에 심심산골로 들어가 집을 짓고 매일 허드렛일을 한다는 것은 현실적으로 어려운 일이다. 차라리 섬으로 들어가 소일거리도 하고 글을 쓸 수 있으면 더는 바랄 게 없을 것이다. 지인이 없는 곳, 뒤에는 자그마한 산이 있고 앞에는 낡은 어선이 몇 척 떠 있는 포구가 있으면 최적의 장소다. 자연을 즐기면서 하고 싶은 일을 할 수 있다면 진정한 자연인이 될 수 있다는 생각에 그는 연화도를 선택했다.

연화도蓮花島는 통영항 여객선터미널에서 유람선을 타고 뱃길 따라 한 시간 남짓 거리에 있는 섬이다. 연화도란 지명은 겹겹이 쌓인 섬 봉우리들의 모습이 연꽃을 닮아 붙여진 이름이다. 그리 크지 않은 섬에는 150여 명의 주민이 옹기종기 모여 산다. '연화사'라는 작은 사찰을 비롯하여 볼거리와 먹거리도 풍부하다. 특히 용이 대양大洋을 향해 헤엄쳐 나가는 형상의 '용머리 바위'는 통영 팔경에 속할 정도로 빼어난 절경을 자랑한다.

그는 이미 연화도 여행을 서너 번 한 적이 있다. 해발 212M의 높지도 가파르지도 않은 연화봉, 바다 풍경을 바라보며 섬을 일주할 수 있는 탐방로, 연화도와 인근 우도를 연결하는 국내 최장 길이(309m)의 해상보도교, 남해안에서 손꼽히는 갯바위 낚시터와 누군가가 방금 빚어놓은 듯한 올망졸망한 바위섬. 선착장 표지석에 새겨진 '환상의 섬 연화도'라는 문구 이외에 달리 표현할 말이 없다. 무엇보다 연화도 주민들의 넉넉한 인심과 따뜻한 마음이 그의 기억 속에 각인되어 있다.

그는 민박집의 작은 방을 하나 얻어 자취 생활을 하면서 몇 달을 보냈다. 처음 얼마간은 생소하고 어색했으나 모든 문제는 시간이 지나면서 해결되었다. 가끔은 오십 대 주인집 남자의 낚싯배에 따라가고, 마을 사람들의 그물 손질을 돕고, 서툰 솜씨지만 해산물 작업에 불려가 함께 일을 하면서 부담 없이 술잔을 부딪쳤다. 글을 쓰다가도 동네 사람이 찾으면 궂은일 마다하지 않고 뛰어나갔고 주민들은 그에게 먹거리를 챙겨주며 다가왔다. 그는 점점 연화도 사람이 되어 가고 있었다.

직접 요리를 만들어 식사를 해결할 때가 많지만 영양보충을 위해 단골 식당에 가서 다양한 음식을 자주 사 먹었다. 그러던 중, 식당 주인은 자신들의 빈방에 기거하면서 서빙을 도와달라는 제안을 했고, 그는 흔쾌히 승낙했다. 급료는 없지만 먹고 자는 문제가 완전히 해결되었다. 점심시간부터 저녁때까지만 일하기 때문에 한가한 시간이 많았다. 무엇보다 수필을 공부하려는 50대 젊은이들 서너 명과 일주일에 한 번, 영업이 끝난 식당에 모여 토론하고 대화할 수 있다는 게 그에게는 큰 기쁨이었다.

해상보도교가 완공되면서 섬과 섬 사이를 걸어보려는 외지인들이 부쩍 늘어나고 있지만, 관광객들이 연화도를 가장 많이 찾는 계절은 여름이다. 6 · 7월 두 달 동안 꽃을 피우는 수국을 보기 위해 여행객들이 줄을 잇는다. 연화사에서 연화봉 정상까지의 등산로에 녹색 · 흰색 · 청색 · 자색으로 화장한 수국꽃이 가로수처럼 즐비해 있어 이국적인 정취를 느낄 수 있다. 몇몇 사람들은 연화도를 '수국섬'이라 부르기도 한다.

폭염이 기승을 부리는 7월 초, 남자 손님 두 명이 식당에 들어왔다. "어어, 야!" 반갑게 악수와 포옹을 했다. 그들은 오래전부터 가깝게 지내던 문우들이었고, 바람도 쐬고 수국도 볼 겸해서 이곳을 방문했다. 그는 자신의 방으로 그들을 안내했고, 그들은 계획을 바꾸어 1박을 하기로 했다. 문우들과 술잔을 기울이며 문학 이야기를 나누는 게 너무 즐거워 자신의 애창곡, 〈귀거래사〉를 흥겹게 불러 주었다.

'하늘 아래 땅이 있고 그 위에 내가 있으니, 어디인들 이내 몸 둘 곳이야 없으리.' (하략)

문우들이 떠나고 2주가 채 지나지 않았을 때, 그의 아내가 찾아왔다. 아내는 밤을 새우며 그를 설득했고, 그는 끝끝내 돌아가지 않겠다고 황소고집을 부렸다. 아내가 돌아간 후, 한 달에 두 번 정도 택배가 왔다. 그가 좋아하는 파김치와 나물볶음, 가끔은 곰국이나 장엇국이 오기도 했다. 그도 종종 연화도의 싱싱한 해산물을 집으로 보낸다. '조금 힘들어도 외롭지는 않다. 이제, 계속 여기서 살아도 된다.'고 생각하면서 입가에 가느다란 미소를 지었다.

지금부터 5년이란 시간이 지난 후, 연화도에 사는 그 남자가 나였으면 참 좋겠다.

3부

1 / N

알파벳 'N'의 전성시대다. 영어 약자 N은 품사 중에서 명사를, 원소기호에서 질소를, 의학 관련 용어에서 신경을, 자동차 기어에서 중립을, 방위표시에서 북쪽을, 설문지 'Y/N'에서 'No'를 나타내는 의미로 사용된다.

N이 우리에게 익숙하게 느껴지는 이유는 수학 시간의 힘들었던 추억 때문인지도 모르겠다. ∫ Σ √ lim log를 사용한 방정식과 함수에 부정不定정수 'n'이 따라다녔다. 부정 정수는 정해진 숫자 없이 환경에 따라 값이 변하는 수를 말한다. 최근에 많이 사용하는 용어 중 n수생, n포세대, 코로나19 n차 감염, 성범죄사건 텔레그램 n번방, 등에 나오는 n도 같은 의미다.

직장인들에게 N은 더욱 친숙한 용어다. 동료들과 식사나 술좌석을 끝낸 후, 비용을 각자 분담하는 '1/N' 방식을 자주 선택한다. 여기서 사용하는 N도 부정정수로, 세 명이면 1/3, 일곱 명이면 1/7로 계산한다. 요즘은 1/N을 쉽게 계산하는 앱까지 개발되어 분담금을 빠르고 정확하게 계산할 수 있다.

1/N이란 말은 영어 'Dutch pay'에서 유래되었다고 한다. 'Dutch'는 네덜란드를 뜻한다. 여러 국적의 사람이 모여 함께 식사하는 자리에서 네덜란드인이 자기 밥값만 계산하는 것을 보고, 네덜란드인은 인색한 사람이라고 조롱하는 표현으로 사용되었다. 그 후 각자 비용을 부담하는 계산방식의 의미로 변형되었고, 1/N이란 용어가 만들어졌다. 지금도 일부 호사가들은 1/N을 좀스러운 방식이라고 비아냥거린다.

35년이 훨씬 지났다. 사회생활을 시작하면서 직장 선배들과 함께 시장통에 있는 횟집에 자주 갔다. 술좌석이 파한 후 아무도 계산을 하지 않은 채 그냥 헤어졌다. 누군가 먼저 계산했을 거라고만 생각했다. 며칠 후, 다른 선배들과 갔을 때도 마찬가지였다. 그 의문점은 월급날 해결되었다. 주인아주머니는 우리가 갈 때마다 참석자의 이름과 술값을 장부에 적어두었다. 월급날이 되면 각자 부담해야 할 금액을 나누고 합한 개인 외상장부를 만들어 청구하는 방식이었다. 처음 경험한 1/N이었지만 효율적이고 합리적인 방법이라고 생각했다.

1/N을 잘하는 친구가 있다. 그와 포장집에서 만나면 안주 두 접시에 소주 서너 병을 마신다. 술값은 4만 원 안팎이다.

그는 술좌석이 끝날 때쯤 2만 원을 나에게 주면서 같이 계산하라고 한다. 처음에는 약간 기분이 나빴지만, 며칠이 지나면 그 친구랑 또 만나고 싶은 생각이 들었다. 지금은 내가 먼저 2만 원을 주기도 한다. 이제 술좌석이 끝날 때쯤, 누가 먼저랄 것도 없이 테이블 위에 2만 원씩 올려놓는다. 그는 누구보다 쉽고 편하게 만날 수 있는 친구다.

사는 형편이 비슷한 친구들끼리 밥값이나 술값을 혼자만 계속 계산하다 보면 관계는 점점 소원해진다. 한 번 얻어먹었으면 다음에 사든지, 아니면 1/N로 계산하는 습관을 들인다면 언제든지 부담 없이 만날 수 있다. 몇천 원, 몇만 원을 나눈다는 게 졸렬하게 보일 수도 있으나 친구의 얼굴을 자주 보고 즐겁게 지내려면 더 이상 좋은 방법은 없다. 가까울수록 금전관계는 명확해야 한다는 말도 있지 않은가.

어릴 때, 음식 문제로 형제들 간에 가끔 다툰 적이 있다. 어머니가 자식 세 명을 위해 찹쌀떡 세 개를 사 왔다. 1/N로 나누어 하나씩 먹으면 공평하다. 장남이라고 두 개를 먹고, 나머지 하나를 동생 둘이 나눠 먹으라고 하는 것은 1/N의 법칙에 맞지 않는다. 원칙이 어긋나면 누군가의 가슴에 나쁜 감정이 쌓인다.

1/N은 똑같이 나누어 모두가 평등하게 계산하는 방식이다. 한 사람이라도 계산에서 빠지거나 더 많이 가져간다면 다른 사람의 부담과 불만이 커진다. 직장이나 가정에서도 각자의

능력에 맞게 업무를 나누고, 자신이 맡은 일에 최선을 다한다면 서로를 믿고 신뢰하는 분위기를 만들 수 있다. 자신의 소임을 다하는 작은 힘이 모이고 모이면 건강한 사회가 완성되지 않을까 생각해 본다.

각자의 몫을 나누는 1/N을 모두 합치면 N/N, 즉 '1'이 된다. 결국, 1/N은 전체를 하나로 만들기 위한 나눔이다.

우리들의 건망증

영정 앞에서 고인의 명복을 빌었다. 친구들과 상가 음식을 먹으며 이런저런 이야기를 나누던 중, 갑자기 문상객이 몰려왔다. 친구가 허벅지를 쿡쿡 찌르며 나가자고 한다. 일어설 준비를 하면서 자동차 키를 찾았다. 자리 주변과 호주머니에도, 영안실에도, 신발장에도 키가 없다. 아뿔싸, 머리에 뭔가 번쩍하며 떠올랐다. 주차장으로 뛰어갔다. 전조등에 불을 켠 중고차 한 대가 주인을 기다리며 연신 덜덜거리고 있었다.

친구들은 나에게 건망증이라고 말하며 "그런 정신으로 무슨 글을 쓰노?"라는 핀잔을 주었다. 그래도 차를 갖고 온 사실을 잊어버리고 버스나 택시를 타고 집으로 가지 않은 게 천만다행이다.

건망증은 일시적으로 기억하지 못하거나 잊어버리는 자연스러운 노화 현상이지만, 치매는 어떤 기억을 계속해서 또는 영원히 상실하는 뇌 질환이라고 의사들은 구분한다. 건망증이 용량 부족으로 일어난다면 치매는 데이터 손상으로 발생한다는 말이다.

최근 세대를 구분하지 않고 건망증이 번져간다. 주부들은 출산 후 육아 문제로, 3 · 40대 직장인들은 과도한 업무로 인해 기억 장애 현상이 발생한다. 최근에 '젊음(Young)'과 '알츠하이머(Alzheimer)' 두 단어를 합성한 '영츠하이머'라는 신조어가 생겼다. 건망증을 호소하는 청소년들도 증가하고 있다는 말이다. 그 원인은 과도한 스마트폰 사용과 스트레스, 우울증과 과음이라고 한다. 그렇다 하더라도 건망증은 오십을 넘긴 중년들의 인생 고초를 상징하는 대표어라고 말할 수 있다.

컴퓨터 작업을 하다가 허기를 느꼈다. 주방에 가서 남아 있는 김치찌개를 가스레인지에 올려놓고 불을 켰다. 3분쯤 있다가 오면 되겠다는 판단을 하고 다시 자판을 두들겼다. 얼마후 맛있는 찌개 냄새가 후각을 자극했다. '이야, 배도 고픈데 어느 집에서 맛있는 냄새가….'라고 생각하며 작업을 계속했다. 몇 분 후, 음식이 타는 냄새가 풍겨왔다. '뭐하는데 음식을 태우고, 정신을 어디 두고, 쯧쯧…. 아차! 내, 김치찌개.' 잽싸게 달려가 불을 끄고 냄비 뚜껑을 열었다. 김치와 돼지고기는 화마의 고통을 버티지 못하고 냄비에 바싹 붙어 새카맣게 타들어

가고 있었다.

건망증으로 어떤 문제가 발생했을 때 혼자만 알고 지나갈 수 있으면 그나마 다행이다. 다른 사람에게 피해를 주었다고 생각하면 재빠른 수습책이 필요하다. 배고픔은 뒷전이고 아내의 잔소리가 떠오른다.

모든 창문을 열고 선풍기를 켜서 환기를 시킨 후, 인터넷으로 '탄 냄비 닦는 법'을 검색했다. 콜라, 소다, 과탄산소다, 베이킹소다 등을 이용하면 깨끗하게 닦을 수 있다고 블로그마다 자랑이다. 다른 재료는 있는지 없는지 모르겠고 냉장고를 열어보니 콜라가 보인다. 냄비에 콜라를 붓고 한참 끓여 보았지만 시원찮다. 다시 세제를 붓고 철 수세미로 빡빡 문지르자 이번에는 냄비 바닥의 코팅이 벗겨지려고 한다. 욕을 더 먹겠다는 생각에 포기해 버렸다.

요즘 깜박깜박하는 일이 자주 발생한다. 냉장고 문을 열었는데 왜 열었는지 생각이 나지 않아 손잡이만 잡고 한참 동안 서 있기도 하고, 아내에게 보내야 할 카톡을 바쁜 친구에게 보내 욕을 듣기도 하고, 누가 차량이나 핸드폰 번호를 물으면 한참 머뭇거려야 한다. 나이 탓도 있겠지만 한 가지 일에만 너무 몰두한 나머지 마음의 여유가 사라지면서 종합적인 사고력이 떨어진 것이 더 큰 원인이라 나름 진단한다.

믹스커피를 마시며 시장기와 시름을 달래고 있을 때 아내가 돌아왔다. 아내는 고개를 몇 번 갸웃거리더니 낌새를 포착했다. "뭘 태웠어요?"라는 물음에 머쓱한 표정을 지으며 자초지종을 털어놓았다. "아이고, 그만하기 다행이네요. 냄비야 새로 사면 되지만…, 당신도 이제 많이 늙었구려."라는 아내의 말에 가슴이 찡해지면서 40년을 함께한 동지애가 새삼 감격스러웠다. 다음에 아내가 더 큰 실수를 하더라도 핀잔 대신 격려를 해야겠다는 생각을 마음속에 담아두었다.

건망증은 우리 나이에 흔하게 나타나는 현상이라는 것을 강조하기 위해 아직 사업을 하면서 출장을 자주 다니는 친구 이야기를 들려주었다.

"친구가 운전하면서 아내와 함께 처가로 가던 중, 거래처에서 전화가 왔어. 휴게소에 차를 세운 후, 친구는 거래처에 전화하고 아내는 화장실에 갔다네. 통화를 끝낸 친구는 거래처와 상담한 내용만 생각하면서 차를 몰고 고속도로를 한참 달려가다가 아내의 전화를 받았어. 30분을 넘게 가서 다시 돌아와 아내를 만났는데, 그날 죽다가 살아났다고 하더라고."

아내가 빙긋이 웃고는 주방으로 가 라면을 끓여주었다. 라면을 후후 불며 평소보다 더 맛있게 먹으면서 건망증으로 인한 그날의 실수를 무마시켰다.

가스 불을 켜 놓은 채 외출을 했다가 택시를 타고 돌아갔다거나, 돌아가 보니 불을 끄고 나갔더라는 이야기를 여성 문우들에게서 몇 번 들었다. 그때는 허허 웃으며 병원에 가보라고 놀렸지만, 나에게도 가스 불에 대한 트라우마가 생겼다. 이제 음식을 끓이거나 새로 데울 때는 설거지나 다른 주방 일을 하면서, 아니면 아예 주방 근처를 어슬렁거리면서 기다린다. 같은 실수를 반복할 수는 없다.

건망증이 자주 발생하면 스트레스를 많이 받고 있으니 잠깐 쉬어가라는 신호로 받아들여야 한다. 과부하가 걸린 기계가 쉽게 망가지듯이 인간의 뇌도 마찬가지다. 냄비를 태웠던 작은 사건은 나의 생각이나 행동에 적잖은 변화를 가져왔다. 약속이 잡히면 메모하고 정해진 시간보다 일찍 나가기, 생각날 때 행동하고 준비해서 기다리기, 여행을 다니거나 자주 산책하기, 음악과 미술감상 같은 정서적 활동 하기, 등을 실행하여 뇌세포 공간에 여유를 주면서 생활하려고 노력한다.

나이를 먹으면서 자연스럽게 나타나는 현상을 너무 두려워하거나 치매가 왔다고 미리 호들갑을 떨 필요는 없다. 건망증은 우리에게 항상 조심하라는 경고와 함께 즐거운 삶을 살라는 메시지를 던져주어 꼭 나쁜 현상이라고만 말할 수 없다.

요즘 외출하기 전에 가스와 전기, 창문을 확인하는 버릇이 생겼다. 소심하다는 말을 들을지 모르겠지만 밖에 있는 동안 마음은 편하다.

변신은 자유

대부분 신체에 대한 콤플렉스가 있다. 군인들이 얼룩무늬로 위장하듯 사람들은 자신의 결점을 은폐하려고 노력한다. 얼굴에 잡티를 감추기 위해 화장을 하고, 흰머리를 염색하고, 굽 높은 구두를 신는다. 한술 더 떠 성형하고, 가발 쓰고, 7㎝ 키 높이구두에 머리카락까지 세우며 종합 변신을 시도한다. 몸이나 태도를 바꾸는 변신은 자존감을 찾고 더 나은 삶을 위한 방편일지도 모르겠다.

아버지의 앞머리가 'M자형'이었다. 건강하고 머리숱이 많았던 나는 '멘델의 유전법칙'을 극복하고 풍성한 머리칼을 쓸어 넘기며 멋진 황혼을 보낼 수 있을 거라 짐작했다. 마흔 중반을 넘기자 앞머리가 빠지면서 멘델의 이니셜 'M'자가 이마에 나타나기 시작했다. 원하지 않는 외모의 변화는 스트레스다. 스트레스는 풀어야 하는데 풀 수가 없다. 풀 수 없으면 감추어야 한다. 그때부터 샤워한 후, 머리가 마르기 전에 앞머리를 빗으로 계속 끌어내려 'M자형'을 'm자형'으로 변신시키기 위해 지속적인 노력을 해왔다.

'신랑이 가발을 쓰는지 모르고 결혼한 신부가 신혼 첫날밤을 치르고 새벽에 눈을 떠 보니, 옆에 대머리 아저씨가 누워 있어 화들짝 놀라 비명을 지르다 침대에서 떨어졌다.'는 웃기고 슬픈 이야기를 떠올리며 앞머리 정도는 그나마 다행이라고 생각한다.

지난 11월에 아들의 결혼식이 있었다. 아내는 혼주도 메이크업해야 한다며 미용실을 예약해 주었다. 젊었을 때 호기심에 미용실을 두어 번 가본 적이 있으나 구레나룻과 콧수염, 코털, 귀털, 눈썹 등의 면도를 해주지 않는다는 것을 체험하고는 발길을 끊었다. 당일 새벽에 일어나 집에서 샤워와 면도를 하고 예약된 상가 미용실로 향했다. 코앞에 있는 목적지에 가면서 미용실 아주머니는 나의 얼굴과 머리를 어떻게 변신시킬까 하는 설렘과 두려움이 교차했다.

손수건으로 비둘기를 만드는 마술사보다 더 빠른 주인의 손놀림 덕분에 메이크업은 20분 만에 끝났다. 거울을 보는 나에게 어떠냐고 물었다. 얼굴은 티 없이 깨끗해졌으나 머리가 바람을 맞은 들풀처럼 위로 비스듬히 누워 이마가 훤하게 보였다. 약간 불만스러웠지만 웃으면서 계산을 하고 나왔다. 집에 오자마자 아내의 화장대에 앉아 얼굴과 머리를 자세히 관찰했다. 볼수록 괜찮은 것 같아 입가에 미소가 번진다. 이 넓고 좋은 이마를 지금까지 왜 감추려고 했을까. 기분이 좋아지면서 거울 속에 웃고 있는 아버지의 모습도 보인다. 빨리 식장으로 가서 하객들에게 변신 속의 진면모를 보여주고 싶었다. 20년 가까이 지켜 온 고정관념 하나가 20분 만에 허물어졌다.

TV도 장난감도 없었던 어린 시절에 전쟁놀이를 자주 했다. 학교와 라디오에서 늘 '무찌르자 공산당. 때려잡자 김일성.'만 듣다 보니 '빨갱이는 죽일 놈'이라고 세뇌되었다. 집에 혼자 있을 때 지도를 펴 놓고 전 세계 공산주의자들과 수많은 전투를 벌였다. 나에게는 하늘과 바다를 빛보다 빠르게 달릴 수 있는 지우개와 끝없이 총알을 쏟아내는 연필이 있었다. 게다가 나는 점술가의 혜안을 겸비한 투명인간으로 변신할 수 있었다. 어느 전투에 참여하던 백전백승이었다. 상상 속에서는 누구나 쉽게 변신을 시도할 수 있다.

다람쥐가 쳇바퀴 도는 듯한 일상을 벗어나고 싶을 때도 변신이 필요하다. 외모나 생활환경 중 하나, 또는 둘 다를 바꾸려고 시도한다. 밝은 계열의 잠바를 사면서 잠시 여행이라도 다녀와야겠다고 마음먹는다. 막상 행동에 옮기려 하니 제약이 너무 많다. '그냥 사는 대로 살아야지. 내 복에 무슨….' 체념하면서 포기한다.

몇 년 전, 김수현 작가의 「엄마가 뿔났다」라는 드라마가 방송된 적이 있다. 시청자들은 아내이면서 엄마인 주인공 '김한자'의 가출에 대해 찬반으로 나뉘어 열띤 토론을 벌이기도 했다. 변신은 우연히 찾아올 수도 있지만 김한자와 같은 용기가 필요할 때도 있다.

변신은 고대 로마 시인 '오비디우스'의 『변신 이야기』부터 소설가 '카프카'의 『변신』에 이르기까지 많은 작가에 의해 다루어졌고, 지금도 영화와 드라마, 소설, 희곡 분야에서 중요한 소재로 활용되고 있다. 청소년들이 좋아하는 인터넷게임에서조차 변신이 없으면 토끼들끼리 서로 대장이라고 싸우는 게임과 다르지 않다.

카프카는 프라하에서 유대인으로 태어났으나 체코인이 아니었고 독일어를 사용했으나 독일인도 아니었다. 어디서도 환영받지 못하는 이방인 신세였다. 카프카가 느꼈던 소외와 고독이 소설 『변신』 속에 녹아있다. 작품의 주인공 '그레고리 잠자'의 이름 중 '잠자'는 체코어로 '나는 혼자다'라는 뜻이 내포되어 있어 카프카의 외로움을 대변하는 것 같다.

변신에 대한 카프카의 사고와 일반인들의 생각은 차이가 있다. 나는 '변신'이란 단어에서 어떤 위기에서 벗어나기 위한, 더 좋은 환경으로 가기 위한 긍정적 의미만 생각했다. 카프카는 인간이 끔찍한 해충으로 변하는, 더 나쁜 환경으로 빠져드는 변신의 부정적인 면을 상상하면서 작품을 썼다. 그 상상은 허구가 아니라 지금 현재 우리 주변에서 어렵지 않게 볼 수 있는 현실이다.

'그레고리 잠자'처럼 가족을 위해 죽도록 일만 해온 이 시대의 가장들, 한때는 집안의 희망이라며 스포트라이트를 받았던 취업준비생들, 몸이 불편하거나 피부 색깔이 다르다는 이유로 차별받는 사람들. 그들은 변신하지 않았지만, 우리 사회와 이웃, 가족들은 그들을 변신시켰다. 그들이 왜 벌레처럼 따돌림과 모멸감을 당해야 하고, 왜 음지에 숨어 살아야 하는지를 생각해 본다. 우리도 누구나, 언젠가 한 마리의 벌레가 될지도 모르는 일이다.

트랜스젠더는 수술을 통해 육체적 성별이 바뀌었거나 신체적 성별과 정신적 성별이 일치하지 않는 사람을 통틀어 지칭하는 말이다. 얼마 전, 태국의 파타야에서 한 시간 동안 트랜스젠더 쇼를 관람한 적이 있다. 그들의 화려하고 아름다운 공연은 평생 잊을 수 없는 추억으로 남아 있다. 근데 그들은 사회적 비난과 수모를 감내하며 왜 변신을 선택했을까.

고치 속 번데기는 꽃이 핀 들판을 날아다니는 꿈을 꾼다. 그 꿈을 이루기 위해 허물을 벗고 나비로 변신한다. 완성으로 향하는 변신은 자유다.

바보들의 세상

어릴 적 '바보'라는 소리를 가끔 들었다. 친구들이 바보라고 놀리면 화를 내며 싸웠다. 형들과 누나가 "추꾸야"라고 빈정대면 설움에 겨워 눈물을 찔끔거렸다. 잠자리에 들어서 '나는 왜 멍청할까? 정말 바보인지도 모른다.'는 생각을 하면서 밤새 뒤척거린 적도 있다.

바보는 지능이 부족하여 정상적으로 판단하지 못하는 사람을 낮잡아 이르는 말이다. 게다가 어리석은 언행을 하는 사람을 비난할 때도 사용한다. 맹꽁이 반편이 백치 숙맥 얼뜨기 천치 팔불출 화상 등의 유의어가 상당하고, 빼꾸 얼가이 추꾸 춘핑이 등과 같은 방언도 꽤 많다. '바보'의 어원은 '밥+보'에서 'ㅂ'이 탈락한 형태다. 밥만 먹고 하릴없이 노는 사람, 밥만 축내는 사람을 빗대어 생겨난 말이다.

경남 방언 중에 멍청이란 뜻의 '히수'라는 단어가 있다. 고교 시절, 자신을 히수라고 불러 달라는 영어 선생님이 있었다. 그는 수업시간마다 노트 한 페이지 분량의 영어 문법과 기본 문장을 외우라는 숙제를 내주었다. 다음 수업 때, 질문에 제대로 답하지 못하면 몽둥이로 몇 대 맞고 그가 퇴근할 때까지 복도에 무릎을 꿇고 있어야 했다. 게다가 일주일에 세 번 이상 걸린 학생은 토요일 오후 6시까지 교실에 남아 그와 함께 공부하는 고통을 겪었다. 우리는 그를 '또라이'라 부르며 키득거렸다.

군을 제대하고 복학하면서 취업 준비를 시작했다. 영어와 전공이 필수다. 영어책을 볼 때마다 이름도 기억나지 않는 히수 선생의 얼굴이 자꾸 떠올랐다. 그때 왜 영어를 스파르타식으로 독하게 시켰는지 비로소 이해가 되었고, 체벌을 떠나 참 고마운 선생님이라는 생각이 들었다. 영어를 잘하지는 못했으나 취업을 준비하는데 특별한 어려움은 없었다. 동창 모임에서 히수 선생이 창원에서 건강하게 잘 지내신다는 말을 들었다. 보고 싶기는 하지만 또 무슨 숙제를 내줄지 몰라 찾아가고 싶지는 않았다.

군대 생활에 잘 적응하지 못하는 병사를 '고문관'이라 부른다. 미 군정 당시 한반도로 파견 나온 미군 고문관들이 한국말을 잘 하지도 듣지도 못해 매우 어수룩하게 생활했다는 이야기에서 유래되었다. 군대 생활을 편하게 하려면 사격이나 달리기, 작업을 잘하든지 눈치코치가 빨라야 한다. 축구와 오락은 덤이다. 모든 훈련을 잘하는 병사에게는 군대 체질이라며 '말뚝 박아라'는 말을 한다. 그중 하나라도 잘하면 괜찮은데, 전부 다 못하면 고문관 소리를 듣는다.

서울에서 대학을 졸업하고 나보다 나이가 많은 후임이 왔다. 박일병은 키도 크고 인물도 좋은데 고문관 소리를 들었다. 자기 딴에 열심히 한다고 하지만 좌향좌, 우향우를 반대로 하는 경우가 많았고, 총기 관리도 소홀하고, 비상시에 준비도 늦고, 완전군장 구보를 하면 항상 낙오하거나 뒤처졌다. 부대원 모두가 단체 기합이나 책임을 면하기 위해 박일병에게 신경을 많이 썼다. 수시로 얼차려를 주고 달래기도 했지만, 그는 "죄송합니다. 시정하겠습니다."라고 말하면 끝이었다.

십여 년 전 서울에 사는 군대 동기를 광안리에서 우연히 만났다. 박일병이 손가락 안에 꼽히는 대기업에서 간부를 맡고 있다는 이야기를 들었다. 아무리 바보 취급을 받는 사람도 나름 잘하는 일이 있고 적성에 맞으면 누구보다 훌륭하게 업무를 처리할 능력이 있다는 걸 알았다. 소질이나 체질에 맞지 않는 일을 시켜 놓고, 마음에 들지 않는다고 바보라 놀리며 손가락질해서는 안 된다. 바보라고 말하는 그 사람이 결국 바보다.

교직 생활하면서 업무가 많거나 밀리면 야근을 자청했다. 휴일에도 혼자 출근하여 근무하는 경우가 종종 있었다. 야근이나 휴일수당이 없었고 누가 시켜서도 아니었다. 관리자로 승진하고 싶은 마음도 없었다. 일이 밀려 심적 부담이 커지면 학생들을 가르치고 지도하는 일에 소홀해진다. 업무 걱정으로 생기는 스트레스를 빨리 제거하여 항상 즐겁고 여유롭게 직장생활을 하고 싶은 소신 때문이었다.

친구나 동료들이 "양선생, 바보 아니야?"라고 말하면 그냥 빙긋이 웃어넘겼다. 굳이 나의 입장을 설명하고 싶지 않았다. 퇴직 후, 3년 동안 일반 직장생활을 하면서 지각과 결근을 한 번도 하지 않았다. 바보가 죽으나 사나 주어진 일만 하듯이 맡은 일을 열심히 하다 보면 재미는 물론 자부심도 느낀다. 지금도 적성에 맞는 직장이 있으면 열심히 일하고 싶지만 이제 늙은 바보를 원하는 곳은 없다.

바보는 시대에 따라 다양하게 해석된다. 우리나라 바보의 대명사로 불리는 고구려 시대의 '온달' 이야기는 하층민도 특권층이 될 수 있다는 희망을 준다. '톨스토이'가 민간동화를 재구성한 작품, 『바보 이반』은 형제들을 위하고 농사일만 열심히 하는 '이반'이 나라를 세워 평화롭게 산다는 이야기다. 소설가 '최인호'는 1970년대 젊은이들이 겪는 좌절과 불안, 상실감과 비애를 『바보들의 행진』이라고 풍자했다.

요즘 자신의 가족을 사랑하는 사람을 '바보'라 부른다. 바보가 될 정도로 딸을 너무나 사랑하는 엄마나 아빠를 '딸바보'라 하고, 같은 의미로 손자 바보, 손녀 바보, 아들 바보, 아내 바보라는 말도 자주 사용한다. 이것저것 따지지 않고 바보처럼 무조건 좋아한다는 의미에서 생겨난 용어들이다.

'벼는 익을수록 고개를 숙인다.'는 속담이 있다. 교양이 있고 수양을 쌓은 사람일수록 더욱 겸손해야 한다는 말이다. 너무 겸손해서 바보라 불리는 유명인들이 있다. 한국의 슈바이처라 부르는 장기려 박사를 사람들은 '바보 의사'라 부른다. 김수환 추기경은 자신의 자화상에 '바보야'라고 서명했다. 노무현 전 대통령의 별명도 '바보 노무현'이다. 바보의 원래 의미는 퇴색하고 우직하고 선량한 사람임을 간접적으로 묘사하거나 특정 인물에 대한 친애의 표현으로 사용하는 경우가 많아지고 있다.

자신의 사리사욕보다 지구의 미래와 환경을 걱정하는 바보, 나라를 먼저 생각하는 바보, 국민만을 바라보는 바보들이 TV에 자주 나오고 쉽게 만날 수 있으면 좋겠다. 그런 바보들이 많아지면 우리가 사는 공동체에 훈훈한 인간미가 넘쳐흐를 것이다.

바보들의 세상을 마음속에 그려본다.

두루미를 날려 보내며

집으로 가는 버스를 기다린다. 버스 정보 시스템의 '잠시 후 도착' 칸에 내가 탈 버스의 번호가 빨간색으로 선명하게 보인다. 먼저 도착한 버스를 타기 위해 40대로 보이는 아주머니가 바람처럼 달려온다. 급하게 앞문에 오르면서 그녀의 지갑에서 흘러나온 동전 하나가 바닥으로 떼구루루 굴러간다. 문이 닫히면서 버스는 곧바로 출발한다. 나는 잠시 망설이다가 동전을 주워 주머니에 넣고 기다리던 버스를 탄다.

빈자리가 없어도 서서 갈 공간이 충분해서 좋다. 예순이 넘은 중노인에게 자리를 양보해 줄 사람도 없지만 그걸 기대하지도 않는다. 스마트폰에 넋이 빠져있는 학생 옆에 자리를 잡으면 서로 눈치 볼일이 없어 마음이 편하다. 왼손으로 손잡이를 잡고 다른 손은 바지 주머니 속에 넣는다. 조금 전에 주운 동전이 만져진다. 돈을 잃어버린 사람이 몹시 아쉬워할 거라는 생각이 든다.

동전을 꺼내 앞뒤를 살펴본다.

'이름: 500, 본적: 한국은행, 출생: 1989년'

동전의 나이가 서른둘이다. '이야! 서른둘.' 참 좋을 때다. 내가 그 나이였을 때 막내가 태어났고 큰 애는 세 살이었다. 아내는 육아에 전념하기 위해 직장을 그만두었고, 나는 의욕이 넘치는 초보 교사였다. 산복도로 셋방에 살면서 여러모로 고생을 많이 했지만 돌이켜보면 그때가 가장 행복했던 시절이었다.

옅은 미소를 지으며 동전을 몇 번 뒤집어 본다. 동전 앞면에 새 한 마리가 날고 있다. 눈을 크게 뜨고 바라보니 두루미鶴다. 두루미는 '천연기념물 제202호'이면서 '멸종위기 야생생물 1급'으로 지정된 새다. 10원 동전에는 다보탑이, 50원에는 벼 이삭이, 100원에는 이순신 장군이 그려져 있는데, 동전 중에 가장 액수가 큰 500원짜리에는 왜 두루미 형상을 압인했을까.

예로부터 두루미는 선비의 고매한 기품과 기상을 상징하여 문인과 화가들의 작품 주제로 자주 등장한다. 조선 시대 문관들이 착용하는 관복의 흉배에는 학 문양이 새겨져 있다. 장수를 상징하는 십장생에 학이 포함되어 있어 '학수鶴壽를 누린다'는 말도 사용한다. 두루미는 짝을 찾을 때 서로 마주 보고 날개를 펄럭이거나 고개를 끄덕이고 빙빙 도는 행동을 한다. 이런 학의 동작을 모방하여 춤을 추는 학무鶴舞가 『악학궤범』에 소개되어 있다. 부산 지역의 '동래학춤'도 학무의 일종이다. 여러 가지 상징성과 함축성 때문에 두루미가 500원 동전의 모델로 선정되었을 것이다.

연천에서 군 생활을 하면서 무논이나 호수에서 먹이 활동을 하는 두루미를 여러 번 보았다. 몸통은 흰색, 꼬리와 목은 검은색인데 정수리의 붉은 색과 절묘한 조화를 이룬 단정학의 자태는 매우 우아하다. 그 멋진 모습을 보다가 가끔 농약을 삼키거나 덫에 걸려 허우적거리며 날지 못하는 두루미를 보면 안타까운 마음이 들곤 했다.

새는 날아야 한다. 먹이 활동을 위해, 종족 번식을 위해, 자신의 삶을 위해 날아야 한다. 아무리 힘들고 어려운 역경이 닥칠지라도 미래를 위해 퍼덕거리며 날아올라야 한다. 날개가 있지만 날지 못하는 새도 있다. 달리기를 잘하는 타조와 날개가 화려한 공작새, 알을 잘 낳는 닭이 그런 종류다. 푸른 하늘 대신 대지를 선택한 '주금류'는 날아가는 새를 바라보면서 몹시 부러워할지도 모르겠다. 날고 싶어도 날 수 없는 새는 우리가 바라는 새가 아니다.

꿈을 잊어버리고 사는 새도 있다. 새장이나 동물원에 갇힌 새는 일정한 공간 안에서 날 수는 있지만 아무런 희망이 없다. 인간들의 편의와 행복을 위해 그들을 쇠창살로 가두어 놓고 완상하며 먹이를 준다. 그들은 건전지만 넣으면 움직이는 자동인형에 불과하다. 구속된 새들에게 푸른 하늘로 솟구쳐오르는 자유를 주어야 한다. 비상하는 새들을 보면서 인간도 언젠가 날 수 있다는 꿈을 꾸었고, 누군가는 새로운 꿈을 꾸고 있다.

우리 주변에도 새장에 갇힌 새처럼 살아가는 사람들이 많다. 20년 넘게 일하고도 월급 한 푼 받지 못한 염전 노예, 시골의 돼지농장에서 일개미처럼 일만 하고 살았던 지적장애인, 인신매매를 당하여 짐승처럼 사는 아이들이나 여성들에 관련된 안타까운 기사들이 이미 언론에 많이 보도되었지만, 아직 우리가 모르는 어딘가에는 딱한 처지에 놓여 있는 사람이 있을 것이다. 사회는 그런 사람들을 찾아내어 그들이 자유를 누리며 인간다운 삶을 살 수 있도록 도와주어야 한다.

집으로 가는 내내 동전 속 두루미 생각이 떠나지 않는다. 두루미를 컴퓨터 옆에 앉혀 두었다. 저금통에 넣을까, 승용차의 동전통에 넣을까 생각도 했지만, 이 동전은 그렇게 할 수 없다. 나에게 500원 가치 이상의 많은 의미를 생각하게 해주었다. 꽃을 보고 정물화를 그리는 화가처럼 나는 동전에 박힌 두루미를 수시로 살펴보면서 글을 쓴다. 그러면서 두루미의 진정한 자유를 위해 고민한다.

어떤 예술가가 사진이나 박제된 두루미를 보고 500원짜리 동전 속 그림을 완성했을 것이다. 그래도 이 두루미는 날개와 다리를 힘껏 펴고 하늘을 막 날아가려는 자세를 취하고 있다. 누군가가 생명력만 불어 넣어준다면 금속 테두리를 박차고 나와 창공을 힘차게 날아갈 것 같다. '그래! 이 글이 완성되는 날, 동전 속에 갇힌 두루미를 하늘로 날려 보내야겠다.' 달포가 지나면서 나름의 글이 완성되었다.

두루미를 주운 지 50일이 되는 날이다. 두루미를 승용차 조수석에 앉혀 황령산으로 향했다. 봉수대가 있는 정상에서 손바닥 위에 동전을 올려놓고 따뜻한 입김을 후후 불어 넣었다. '이제 가거라. 너의 꿈을 향해 어디든지 날아가렴.' 숲이 우거진 산등성이를 향해 동전을 힘차게 날렸다.

반짝거리는 햇살을 받은 은빛 동전에서 하얀 두루미 한 마리가 푸드덕 뛰쳐나와 하늘에 빗금을 그으며 날아오른다. '뚜루루' 두루미 울음소리가 한 줄기 바람을 타고 사라진다. 서른 두 해 동안 동전 속에 갇혀 있던 두루미가 제 길을 찾아 날아갔다.

나도 내가 원하는 세상으로 날아갈 수 있으면….

나잇값

승객들이 싸우고 있다. 도시철도 노약자석에서 30대 중반의 젊은 아주머니와 일흔 정도 보이는 남자가 서로 삿대질을 하며 고함을 지른다. 아주머니의 서너 살 된 딸이 노약자석에 앉아 있었는데, 노인이 아이를 일으켜 세우며 아이 엄마에게 "어이, 이거 치워"라고 막말을 한 것이 싸움의 발단이다. 노약자석은 노인석이 아니다. 노인뿐만 아니라 장애인, 임산부, 어린이 등의 교통 약자가 앉을 수 있는 자리다.

허리가 약간 굽은 할머니가 보따리를 하나 들고 버스를 탔다. 운전석 뒤편 기둥을 잡고 불안한 자세로 교통카드를 찍은 후, 빈 좌석이 있는지 두리번거린다. 자리에 앉아 있는 젊은이들은 스마트폰이나 창밖을 본다고 할머니를 미처 인식하지 못했을 수도 있다. "어이, 학생들. 할머니에게 자리 양보 좀 하지?"라고 중간쯤에 서 있던 40대가 큰 소리로 말한다. 학생 한 명이 못 이기는 척 자리에서 일어선다.

'제발 나잇값 좀 해라.' 가끔 사용하는 말이기도 하지만 자주 듣기도 한다. '값'은 물건을 사고팔 때 주고받는 돈이나 일정하게 매겨진 액수를 말하기 때문에 밥값이나 술값은 쉽게 계산할 수 있다. 하지만 나이에 어울리는 말과 행동을 뜻하는 '나잇값'은 어떻게 계산할 수 있는가. 돈으로 계산할 수 없으나 청소년과 청년, 중년과 노년이 각자의 나잇대에 맞게 언행을 하라는 의미일 것이다.

아이가 지나치게 성숙했거나, 어른이 아이 같은 언행을 하면 '애어른'이라 한다. 특히 어린이 영화를 즐기고 장난감을 수집하는 어른을 '키덜트(Kidult)'라 부른다. '스콧 피츠제럴드'의 소설을 영화로 만든 「벤자민 버튼의 시간은 거꾸로 간다」에서 주인공 '벤자민 버튼'은 80세의 외모로 태어나 점점 아이가 되어 보모의 보살핌을 받다가 세상을 떠난다. 모두 바람직한 삶은 아니다. 아이는 아이처럼 놀아야 하고, 어른은 어른다워야 하고, 나이가 들면 조금씩 늙어가야만 정상이다.

누구든지 어이없거나 철없는 행동을 하면 '나잇값 좀 해라' 또는 '나이를 헛먹었나?' 등과 같은 욕을 듣는다. 나이를 계급이나 권력으로 알고 상대를 우격다짐으로 제압하려는 사람도 많다. 그러다 보면 큰소리가 나면서 싸우기도 한다. 젊은이들은 몸가짐을 조심스럽게 하면서 예의를 지키고, 어른들은 욕심보다 아랫사람을 배려하는 마음이 앞선다면 서로 얼굴 붉히는 일은 없을 거라는 생각이 든다.

'나잇값'은 각자의 나이에 따라 의무를 부여한다. 스무 살인 청년은 1년에 20개의, 일흔인 노인은 70개의 부채를 안고 살아야 한다. 1년 동안 나이만큼의 모범적인 언행을 하면서 빚을 갚아 나가야 할 것이다. 그래서 '나이 들면 입은 닫고 지갑은 열어라.'는 말이 생겼는지도 모르겠다.

나이는 나이테처럼 쌓아가는 연륜이지 어깨에 달고 다니는 계급장이 아니다.

낭만에 대하여

지난 어버이날이었다. 모처럼 따로 사는 자식들과 외식을 했다. 기념일을 구실 삼아 가족이 한자리에 모여 음식을 먹고 즐겼다는데 만족한다. 식사를 마치고 얼마 후에 열리는 '가왕 조용필' 공연 입장권 두 장을 감사의 선물로 받았다. 현실적으로 현금이 최고지만 젊은 시절 좋아했던 가수의 공연을 보면서 낭만적인 분위기에 젖을 수 있도록 만들어 준 자식들의 배려가 고마웠다.

학교 동기 부부 모임에 참석한 친구가 "어디 조용한 곳에 가서 1년만 쉬었다가 오는 게 나의 로망이다."라고 말하자 몇몇 남자들이 고개를 끄덕였다. 그의 아내가 빈정대는 투로 "남자들 빼고 여자들 서너 명만 모여 유럽으로 한두 달 여행 가는 게 나의 로망이다."라고 말했다. 여자들이 환한 표정으로 맞장

구를 치면서 좋아했다. 30년 넘게 동고동락한 부부지만 각자의 바람은 다르다.

낭만은 감미롭고 감상적인 심리나 태도를, 로망은 하고 싶은 소망이나 이상을 뜻하지만 두 단어의 뿌리는 같다. '낭만'이란 단어는 일본 소설가 '나쓰메 소세키'가 1907년 평론집 『문학론』에서 'Romanticism'을 한자어 '浪漫'으로 음차하여 처음 사용하였다. 한자 자체에 특별한 뜻이 없는 일본말 '로만'은 우리말 낭만으로 번역되었다. 우리나라에서는 '낭만과 로망, 로맨티시즘'이란 각각의 단어가 주는 어감에 차이가 있으나 일본에서는 같은 느낌으로 받아들인다고 한다.

가끔 친구들과 노래방에 가면 '최백호'의 「낭만에 대하여」를 즐겨 부른다. 노래를 잘하는 편은 아니지만, 이 노래를 부르면 그냥 기분이 좋아지고 친구들도 노래를 따라부르며 잠시 회상에 잠긴다.

밤늦은 항구에서/ 그야말로 연락선 선창가에서
돌아올 사람은 없을지라도/ 슬픈 뱃고동 소릴 들어보렴
첫사랑 그 소녀는/ 어디에서 나처럼 늙어갈까
가버린 세월이 서글퍼지는/ 슬픈 뱃고동 소릴 들어보렴

– 최백호의 「낭만에 대하여」 2절 中에서 –

중년들 대부분 이 노래를 좋아한다. 첫사랑에 대한 추억을 되살리고 잠시나마 낭만적 분위기에 빠져들 수 있기 때문이다. 버스 정류소에서 만났던 소녀에게 밤새 적은 쪽지를 전해주지도 못하고 가슴만 콩닥거리던 기억, 긴 머리 소녀와 함께 동네 골목길까지 우산을 쓰고 오면서 말 한마디 못하고 얼굴만 붉어졌던 기억, 몇 번 편지를 주고받던 소녀가 갑자기 연락이 없어 잠 못 이루고 뒤척거리던 기억. 순수했던 학창 시절이 떠오르고 그 소녀는 어디에서 잘살고 있을까 하는 궁금증도 생긴다.

사람들은 소설이나 영화에 나오는 낭만적인 사랑을 한 번쯤 해보고 싶은 로망을 갖고 있다. 젊은 남녀가 서로에게 마음이 이끌려 뜨거운 애정을 나누는 본능적인 사랑을 꿈꾼다. 이몽룡과 성춘향, 로미오와 줄리엣, 영화 『타이타닉』에 나오는 '잭과 로즈'의 사랑처럼 죽음을 불사하는 강렬한 사랑을 동경한다. 환상적인 사랑은 문학 작품에서만 가능한 이야기일 뿐 현실적으로 거의 불가능하지만 그런 유혹에 빠지는 사람도 종종 있다. 첫사랑을 그리워하고 장미 한 송이 전해주지 못했던 풋사랑을 아쉬워하며 살아가는 것이 평범한 우리들의 낭만이다.

대입 재수를 하던 시절, 나의 최고 로망은 대학에 가는 것보다 음악다방 DJ가 되고 싶은 것이었다. 긴 머리를 손으로 넘기며 수많은 LP판에서 신청곡을 순식간에 찾아낸 후, 부드러운 멘트와 함께 음악을 틀어주는 DJ가 너무 존경스러웠다. 그 소망을 이루기 위해 다양한 대중가요를 밤새 들었고, 팝송 관련 월간지의 구독을 소홀히 하지 않았다. 운 좋게 외곽 지역의 음악다방에서 DJ를 한 달 정도 할 수 있었다. 친구들과 처음 보는 젊은 남녀들이 나를 너무 부러워하는 것 같았다. 나야말로 음악을 알고 즐기는 최고의 낭만주의자라고 생각했다.

그 후 세월이 흘러 낭만적이라고 착각했던 DJ에 관한 추억은 나를 보여주기 위한 허세에 불과했다는 것을 깨달았다. 음악에 대한 기본도 없으면서 아는 척, 잘난 척하기 위해 인생의 가장 중요한 시기를 허비했다. 지나간 추억이 다 아름다운 것은 아니라는 생각도 들었다.

몇 년 전, 세상을 떠난 동료가 있다. 그는 둘째가라면 서러울 정도로 낭만적으로 살았다. 월급을 받으면 매번 새 레코드를 구매하면서 전축의 스피커를 교체했다. 최적의 낚시 장비를 마련하여 주말이면 바닷가에서 살다시피 했다. 언제든지 연락하면 달려 나와 술좌석에도 빠지지 않았다. 동료들이 그를 부러워했지만 흉내 낼 수는 없었다. 결점이라면 신용카드와 대출 문제로 맞벌이하는 아내와 자주 다투어 자식들이 힘들어했다는 사실이다. 어쨌든 그는 즐겁게 살다가 짧은 생을 마감했다.

고전주의가 형식과 이성을 존중하는 사조思潮라면, 낭만주의는 개인의 행동과 상상의 자유, 주관적인 해석을 중요하게 여긴다. 낭만주의 사고가 그렇다 하더라도 최소한 주변의 환경과 가족을 생각하는 배려가 있어야 한다. 부부간의 신뢰와 자식에 대한 책임을 충분히 생각하면서 인생을 즐겨야 진정한 낭만주의자라고 생각한다. 혼자만의 삶을 즐기고 싶으면 처음부터 혼자 살아야 한다.

낭만은 로망을 실현하기 위한 행동의 결과로 나타난다. 자연인이 되고 싶으면 산이나 섬으로 떠나야 하고, 유럽으로 여행 가고 싶으면 마음 맞는 친구들과 계획을 짜고 적금을 넣는 단호한 결단이 필요하다. 아름다운 정원과 넓은 수영장이 있는 저택에서 살고 싶으면 돈을 벌기 위한 남다른 노력이 뒤따라야 한다. 목표를 달성하여 낭만적인 삶을 산다고 하더라도 주변 사람들 모두가 부러워하거나 존경하지는 않는다. 낭만은 지극히 주관적이고 상대적인 개념이기 때문이다.

달콤한 추억보다 씁쓸한 추억이 더 그리워질 때가 있다. 업무를 처리하기 위해 밤새 고민하고, 눈코 뜰 새 없이 바쁘게 뛰어다니던 시간이 오히려 낭만적이었다는 생각이 든다. 쓰라린 고통을 잘 이겨 낸 결과 현재의 내가 존재한다. 미래의 행복을 위해 피와 땀을 흘릴 수 있는 사람이 최고의 낭만주의자일지도 모르겠다.

낭만은 현실과 이상 사이에서 공존해야 한다.

신선대 미술관

신선대神仙臺에 자주 간다. 공원 입구에 주차하고 타원형 산책로를 느림보 걸음으로 40분 정도 걷는다. 시멘트로 포장된 길 양옆에는 평범한 나무들이 빽빽이 들어서 있지만, 태종대와 오륙도, 백운포를 한눈에 잡을 수 있다. 덤으로 활갯짓을 하는 갈매기들을 보면 온몸이 새로운 활력소로 가득 채워진다.

산책을 끝내고 나면 약간의 허기와 목마름을 느낀다. 도로변에 설치된 자판기에서 음료를 뽑아 혼자 마시기에는 왠지 청승스러운 기분이 든다. 경사진 언덕의 숲 사이에 보이는 '신선대 휴게소'라는 아담한 포장집으로 들어간다. 밀폐된 공간은 개방된 장소보다 더 자유롭게 생각하고 행동할 수 있어 좋다. 어릴 적 다락방을 좋아했던 마음으로 늘그막에 나만의 공간을 찾는 이유인지도 모르겠다.

십여 년 전, 이 가게를 처음 찾은 후, 1년에 한두 번 정도만 들렀다. 어두운 분위기에 퀴퀴한 냄새까지 더해져 바람이 심하게 불거나 목이 몹시 마를 때만 길손처럼 찾던 곳이었다. 2년 전, 주인이 바뀌면서 휴게소의 내부 구조가 확 바뀌었다. 입구에는 간단하고 빠르게 음식을 먹을 수 있는 입석식으로, 문을 하나 더 열고 들어가면 한가한 시간을 편안하게 즐길 수 있는 좌석식으로 개조되었다.

작년 봄, 산책을 끝내고 어묵을 먹기 위해 새롭게 단장한 휴게소에 들렀다. 두 번째 문을 여는 순간 입을 다물 수 없었다.

'아! 우와…, 바다 그림이다.'

가로세로 1M 정도의 유리창 네 개 너머로 보이는 풍경은 내가 지금까지 보았던 바닷가 그림과 비교할 수 없을 만큼 아름답다. 흰색과 쪽빛, 초록과 연두의 조화가 절묘하다. 저 멀리 수평선을 따라 뭉게뭉게 피어오르는 구름과 그림의 중심을 나타내기 위해 하얀 기둥을 우뚝 세워 놓은 오륙도, 쪽빛 바다를 가르며 점점이 사라지는 유람선, 작은 인형이 움직이는 것처럼 보이는 방파제의 낚시꾼들, 좌우 여백을 가득 채우고 있는 상록수와 벚나무, 이제 막 움을 트고 올라오는 연둣빛 풀잎이 그림의 하단을 채우고 있다.

줄무늬 와이셔츠에 코르덴 바지를 입고 화장을 하지 않은 60대 주인아주머니의 의도인지는 모르겠지만, 창틀 색깔까지 고동색이어서 마치 네 개의 그림 액자를 가로로 진열해 놓은 듯하다. 내가 좌우로 움직이면 액자 속 그림이 바뀐다. 서서 보면 바다가 내 눈 밑에 보이지만 앉아서 보면 내 눈높이에 닿아 있다. 실내 분위기를 맞추기 위해 설치된 작고 노란 백열등은 나뭇가지 사이에 달처럼 걸려있다. 잠시 감았던 눈을 뜨면 몇 마리의 새가 나타났다 사라진다. 편안하게 앉아서 이렇게 다양한 바다 그림을 감상할 수 있는 미술관을 여태껏 본 적이 없다.

지루하면서 특별하게 갈 곳이 없을 때 이곳을 자주 찾는다. 오후 서너 시에 가면 휴게소는 한적하다. 가끔 관람객이 가득 찰 때도 있지만 그들은 친구들과 파전을 안주 삼아 막걸리를 먹거나, 연인들끼리 토스트를 먹으면서 아메리카노를 마신 후 바쁘게 퇴장한다. 마음이 조급하면 좋은 풍경이나 그림이 보이지 않는다. 구름과 바다, 나무와 풀이 항상 똑같은 형상으로 보일 것이다.

나는 네 개의 그림 액자 중 역삼각형으로 보이는 바다를 나무와 풀잎이 감싸고 있는 두 번째 그림을 제일 좋아한다. 바다가 잔잔한 호수처럼 보여 흐트러진 마음을 다잡을 수 있다. 그 그림이 잘 보이는 테이블 위에 믹스커피를 올려놓고 전시관을 몇 바퀴 돌면서 수십 폭의 풍경화를 감상한다. 오늘따라 유난히 반짝거리는 바다가 그림을 더욱 밝고 화사하게 만들고 있다.

사물의 고유색을 부정하고 빛과 함께 시시각각으로 움직이는 색채의 변화 속에서 자연을 묘사하는 인상주의 화가들이 이곳 풍경을 보았다면 어떤 그림을 그렸을까. 모네가 아내 '카미유'와 함께 왔다면 어떤 포즈를 잡으라고 했을까. 그녀의 손에는 어떤 음료를 들고 있을까. 나는 모네가 카미유에게 지시했을 것 같은 좌석에 앉아 이리저리 몸을 돌리면서 커피잔을 들어본다. 아무래도 내가 좋아하는 테이블에서 측면을 보이는 게 좋겠다. 미세한 바람과 새소리, 출렁이는 파도와 모델의 마음은 화폭에 어떻게 담을지 궁금하다.

미술실에 가본 지 40년이 훌쩍 넘었지만 작은 화랑에 앉아 있는 기분이다. 그림을 그리고 싶은 생각도 든다. 네 개의 다리 위에 놓여 있는 테이블이 캔버스로, 동그란 수저통과 수저가 물감통과 붓으로, 클립보드 메뉴판이 팔레트로 보인다. 물감은 눈에 보이는 자연의 색을 빌려 와 사용하면 되겠다. 어떤 색, 어떤 모양으로 나의 마음을 그려야 할까.

조용히 그림을 감상하면서 지나온 세월을 반추하고 앞으로의 삶을 설계해 본다. 오래된 그림이 값어치가 더하듯 나의 노후도 그렇게 만들고 싶다. 생각하고, 고민하고, 실천하는 노력이 필요하다. 좋은 그림을 감상하면서 마음도 정리할 수 있는 이곳은 단순한 휴게소가 아닌 나의 미술관, '신선대 미술관'이다.

오랫동안 창가에 앉아 있으면 주인은 따뜻한 어묵 국물이 담긴 종이컵을 들고 와 테이블 위에 올려놓고 간다. 나는 장사가 잘되는지 묻지 않고, 주인은 내가 누구인지 묻지 않는다. 고개만 한 번 끄덕이면 더 이상의 말이 필요 없다. 서로에게 감사한 마음이다.

천오백 원을 계산하면서 주인과 잠시 대화를 나눈다. 촌스럽게 보였던 아주머니가 화가나 화랑의 주인처럼 보인다. 얼굴을 조금만 꾸민 후, 한 손에 붓을 들고 예쁜 빵모자만 쓴다면 신선대 미술관의 관장이라고 해도 손색이 없을 것 같다.

집으로 가면서 바다와 숲이 보이는 미술관이 많이 생겼으면 좋겠다는 생각을 해본다.

외출 준비

친구들과 야유회를 가는 날이다. 새벽에 눈을 떠 목적지 날씨부터 확인하니 낮에 비 올 확률이 70%라고 예보되어 있다. 바깥에 나갈 때 비가 오면 불편하다는 걱정과 괜찮을 거라는 기대가 엇갈린다. 어쨌든 서둘러야 한다. 나들이옷과 신발을 준비해놓고 갈아입을 속옷을 챙긴다.

잠을 자고 일어나면 어디든 가야 할 곳이 있어야 한다. 갈 곳이 없어 집에만 머물러야 한다면 자신을 어둠 속에 가두는 일과 크게 다르지 않다. 학생은 학교에, 직장인은 회사에, 농부는 들판으로 나가야 하루가 즐겁다. 집을 나서기 전 몸과 마음을 정갈히 하고 크고 작은 준비물을 잘 챙겨야 외출의 목적을 달성할 수 있다. 외출은 더 큰 세상으로 나아가기 위한 디딤돌이다.

외출할 때마다 샤워한다. 아무리 바빠도, 밥은 안 먹어도 샤워를 꼭 하고 나간다. 타인에게 잘 보이기 위한 목적은 없으나 샤워를 하고 용모를 단정히 해서 나가면 발걸음이 가볍고 기분도 상쾌하다. 집에만 있는 날에는 얼굴에 물 한 방울 묻히지 않는다. 급한 연락을 받고 세수만 하고 나갈 때는 용무가 끝나자마자 귀가하려고 신경을 쓴다. 언제부터 그런 습관이 만들어졌는지 정확하게 기억나지 않으나 직장생활을 시작하면서부터 몸에 배었을 것으로 짐작한다.

새 팬티와 러닝만 챙겨 욕실로 들어간다. 사람들은 샤워할 때 10분 정도면 웬만한 이물질을 씻어내는데 충분한 시간이라고 하지만 나는 적어도 3·40분이 소요된다. 나에게 샤워 시간은 몸을 씻는 일 외에 스트레칭과 면도하는 과정이 포함된다. 그중 면도를 가장 중요하게 여긴다. 다른 남자에 비해 신체의 이곳저곳에 털이 많은 편이다. 털이 많은 걸 좋아하거나 남자답게 보이려고 일부러 기르는 사람도 있으나 나에게는 큰 고민거리다. 구레나룻과 콧수염을 사나흘 깎지 않으면 역사드라마에 나오는 산적 두목처럼 보인다. 게다가 대학 신입생 시절에 생긴 트라우마도 있었다.

1학기를 마친 초여름, 테니스동아리 회원 십여 명이 통영의 비진도해수욕장으로 1박 2일 MT를 갔다. 반바지를 입고 민박집 우물가에서 쌀을 씻고 있을 때 찬거리를 장만하기 위해 여

학생 두 명이 왔다. 함께 잡담을 나누던 중 여학생 한 명이 깜짝 놀라며 손으로 입을 가렸다. 친구가 왜 그러냐고 묻자, "저 다리에 털 좀 봐. 무슨 짐승 같아."라고 말하며 나의 종아리를 가리켰다. 나는 '짐승'이라는 말에 모멸감을 느끼며 얼굴이 화끈 달아올랐다. 하던 일을 제쳐 놓고 남자들 방으로 달려갔다. 반바지 대신 운동복으로 갈아입고 이불장에 기대어 앉은 채 눈을 감았다. '내 몸에는 왜 털이 많을까.' 온몸에 털을 가위로 자르고 족집게로 확 뽑아버리고 싶었다.

40대 초반까지 반바지는 집에서만 입었다. 반바지를 입고 외출하면 사람들이 짐승이라 놀리며 깔깔거리지 않을까 하는 두렵고 창피한 생각에 엄두를 내지 못했다. 여름철 강이나 바다로 지인들과 피서를 가면 물속에 오래 머물러 있거나 아예 긴바지를 입고 평상에 앉아있었다. 프로이트의 『정신분석학』에 인간은 내면에서 발생하는 불안으로부터 자신을 보호하기 위한 '방어 기제防禦機制'를 갖고 있다는 내용이 소개되어 있다. 나는 도피와 억압으로 불안감을 극복하려고 노력했다. 다른 사람이 찾아낼지도 모르는 나의 단점을 꼭꼭 감추고 싶었다.

아내가 "당신 다리 쳐다보는 사람 아무도 없어요."라고 십수 년을 설득했으나 선뜻 용기가 나지 않았다. 언젠가 상가 마트에 가던 중 무심결에 반바지를 입고 나왔다는 것을 알았다. 하는 수 없이 빠른 걸음으로 마트에 오가며 행인들의 표정을 살펴보았다. 나의 외모에 눈길을 보내는 사람은 아무도 없었다. 이제 나이가 들어 다리에 털도 많이 없고 낯가죽이 두꺼워져 부끄럽고 창피한 생각도 들지 않는다. 무더운 여름철 반바지를 입고 시장에 가면 너무 편하고 시원해서 좋다.

칫솔질한 후, 목 허리 팔다리 손목 발목 운동을 한다. 작년에 컴퓨터와 스마트폰을 적잖이 다루면서 키보드를 계속 두드리는 작업을 하다가 어깨와 팔에 통증이 생기는 'VDT 증후군'에 걸려 몇 달을 고생했다. 이제 욕실에 들어오면 뭉친 근육을 풀어주기 위해 그때그때 필요한 스트레칭을 간단하게 한다. 특별한 운동 효과가 없을지 몰라도 아이들이 목욕탕에서 뛰어놀 듯 한바탕 몸을 휘젓고 나면 나를 위해 뭔가를 했다는 성취감과 만족감을 느낀다.

입었던 내의를 홀랑 벗고 면도를 준비한다. 피부 보호를 위해서는 전기면도기를, 깔끔한 면도를 위해서는 칼 면도기를 사용해야 하지만 나는 깔끔한 쪽을 선호한다. 십여 년 전까지 면도하던 중, 입술이나 턱 주변을 면도칼에 베어 피를 흘린 적이 가끔 있었다. 피를 흘리면서도 면도는 중단하지 않았다. 지금은 3중이나 5중 날로 제작된 칼 면도기가 나와 그럴 염려는 거의 없다. 눈 아랫부분부터 목, 가슴 부분까지 면도용 거품을 여러 번 문지르고 벽면 거울을 보며 면도를 시작한다.

거품 가면을 쓴 거울 속의 나와 면도를 하는 내가 서로 묻고 답한다. "너는 외모와 심성 중 무엇을 더 중하게 여기냐?" "가식적으로 마음이 더 소중하다고 말할 수 있겠지만 솔직히 둘다 중요하게 생각한다." 공원에 가면 깨끗한 벤치를 선택하여 앉듯이 용모가 단정하면 사람들과 거부감 없이 만나 속마음을 털어놓고 대화할 수 있다. 무슨 일이든 형식과 내용은 별개가 아닌 함께 소중하게 다루어야만 전체가 빛날 수 있다. 후박한 마음씨에 깔끔한 외모가 더해지면 그야말로 금상첨화다.

샤워는 심신의 건강과 휴식을 위해 누구나 쉽게 할 수 있는 일상생활의 일부가 되었다. 몇십 년 전까지는 부유층만 할 수 있었으나 요즘은 애완동물까지 샤워를 시켜주는 시대다. 샤워는 가끔 공포영화의 사망 플래그나 멜로영화의 성적 매력을 어필하기 위한 수단으로 표현되기도 한다. 꼭 변태가 아니더라도 사람들의 마음속에는 다른 사람의 일기장이나 사생활을 몰래 보고 싶은 호기심이 조금은 있다. 시나리오나 소설 작가들이 그러한 심리를 적절하게 활용하기 위해 샤워 장면을 삽입한다.

물 온도를 적당하게 맞추고 샤워를 한다. 샤워는 몸보다 마음을 씻는 물세례의 시간이다. 참된 종교인이 되기 위해 세례를 받듯 머리부터 발끝까지 소나기를 맞으면 마음이 정화되는 기분이다. 샤워기를 최고 강하게 틀면 흘러내리는 비눗물이 피부 속으로 스며들어 육신의 일부처럼 자리 잡은 헛된 욕망을 분쇄해 몸 밖으로 배출시킬지도 모른다. 온몸을 세차게 두들겨 맞으며 어제를 반성하고 깨우치는 이 순간은 어떤 고해성사와도 비교할 수 없는 성스러운 시간이다. 누군가 내 이마에 손을 얹고 기도라도 해주었으면 좋겠다.

사람 몸에서 손이 닿지 않는 부분이 있다. 그곳을 수필가 최민자 작가는 「외로움이 사는 곳」이란 작품에서 '아무리 애를 써도 만져지지 않는 견갑골 등성이 아래 후미진 골짜기'라고 표현했다. 그곳이 유별스레 가려울 때가 많다. 그래서 '나이 들면 등 긁어줄 사람이 필요하다.'는 말이나 효자손이라는 도구가 생겼을 것이다. 비누 거품을 머금은 30㎝ 정도의 샤워용 수건 끝자락을 양손으로 잡고 가로세로 대각선 방향으로 등을 문지른다. 그렇게 한다고 가슴속 깊이 숨어 있는 외로움을 쫓아낼 수 없지만, 사람을 만나 대화를 하거나 음식을 먹는 도중에 등을 간질이는 행동을 하지 않아도 된다. 등은 혼자 있을 때만 외로워야 한다.

마른 수건으로 전신의 물기를 말끔하게 훔쳐낸 후, 습기 찬 뿌연 거울을 닦는다. 다이빙 선수가 물속에서 나오듯 머리 얼굴 가슴 순으로 나신이 조금씩 드러난다. 우화등선하여 하늘에 오른 것 같은 기분이다. 콧노래를 흥얼거리며 스킨과 로션을 듬뿍 바른다. 특히 마른버짐이 가끔 생기는 눈가와 볼에는 한 번 더 바르고 비벼 외출 시 불쑥 나타나지 않도록 미리 단속한다.

외출 준비의 마지막은 빗질이다. 쿠션 부러쉬로 머리의 전체적인 윤곽을 잡고 꼬리빗으로 세세한 모양을 만든다. 가르마를 어느 쪽으로 탈까, 앞머리를 올릴까 말까 고민하다가 원래 하던 대로 한다. 변화는 새롭지만 내내 신경이 쓰인다. 드라이기 대신 맨손으로 머리를 매만지며 오늘도 즐겁게 의미 있는 하루를 만들자고 다짐한다.

현관문을 나서기 전, 한 번 더 거울을 본다. 거울 속에 괜찮은 남자가 미소를 짓고 있다.

광안리 밤바다

풍수지리학상 명당자리다. 좌청룡 우백호 남주작 북현무의 사신이 에워싸고 있는 지역이다. 왼쪽으로 푸른 동백섬이, 오른쪽으로 오륙도의 하얀 등대가, 남쪽으로 붉은 태양이, 북쪽으로 듬직한 금련산이 광안리를 감싸고 돈다. 최고의 명당, 광안리 해변에서 바다를 보고 있으면 바라던 소망이 금방 이루어질 것 같은 기분이 든다.

광안리 해변은 해수욕 철이 아니더라도 1년 내내 많은 사람으로 붐빈다. 해맞이와 불꽃축제, 횟집거리와 테마거리, 등의 각종 행사와 먹거리, 볼거리가 풍부하여 지역 주민과 전국의 관광객이 즐겨 찾는 곳이다. 바다를 찾는 이유와 좋아하는 풍경은 십인십색이다. 시간과 날씨에 따라, 누구랑 동행했느냐에 따라, 자신의 기분에 따라 한결같은 바다가 다르게 보인다. 그래도 정신없이 바쁘게만 살아왔던 일상을 잠시 내려놓고 싶은 마음은 똑같을 것이다.

나에게 바다는 가슴 아픈 추억이 있는 곳이다. 형을 따라 갯바위 낚시를 갔다가 가파른 바위에서 미끄러져 발목을 삐었을 때의 고통, 고등학교 시절 해수욕장에 함께 갔던 친구가 익사 사고를 당했을 때의 암울함과 말없이 한참을 울던 친구 어머니의 비통함, 대학 졸업여행을 제주도에 갔다가 밤 배를 타고 돌아오던 중 엔진 고장으로 세 시간 넘게 떨었던 공포감이 떠오른다. 그런 트라우마로 인해 바다를 좋아하지 않았고 해수욕을 한다는 것은 엄두도 낼 수 없었다.

20여 년 전, 광안리로 이사를 왔다. 아무리 미운 사람도 자주 보고 만나면 정이 들듯이 광안리 바다를 좋아하게 되었다. 특히 밤바다는 내 마음속으로 조금씩 스며들기 시작했다. 화려하면서 고요한 밤바다는 지금까지 갖고 있던 두려움과 거부감을 극복할 수 있게 만들어 주었고 근심거리를 터놓고 이야기할 수 있는 편안한 장소라는 것을 깨닫게 해 주었다. 누구든지 자신의 고민을 토로할 수 있는 대상이 있다면 어렵지 않게 힘든 시기를 이겨 낼 수 있다.

퇴직 후 광안리 밤바다를 자주 걸었다. 지금까지의 삶을 되돌아보면서 직장 동료와 친구들에게서 멀어져 스스로 외로워지고 싶었다. 사람은 온전히 혼자 살 수는 없지만, 그렇다고 그들과 함께 어울려 있는 시간이 즐겁지도 않았다. 어느 철학자가 말한 '비사교적 사교성'이란 표현처럼 지금까지 소속된 범주로부터 철저하게 고립되는 시간이 필요했다. '나는 무엇인가, 누구인가?'라는 질문을 밤바다에 던졌다. 한참의 시간이 지난 후, '특별하지 않고 평범한, 그냥 사회적 인간.'이란 답을 들었다. 바다가 모든 것을 품고 가듯이 친구들과 다시 어울려야 했다. 지루하고 힘든 치유의 시간 동안 밤바다는 간병인처럼 곁에서 나를 지켜주었다.

소금기가 짙은 바닷바람 한줄기가 바람막이숲 사이로 불어와 광안리 해변을 찾아온 손님들에게 인사를 한다. 부끄러움도 낯가림도 없이 누구든 반겨준다. 사람들의 환한 미소가 파도처럼 빠르게 번져나간다. 바람을 타고 돌아다니는 갯내는 해변을 거니는 행인들의 옷깃으로, 카페의 찻잔으로, 횟집의 술잔으로 스며든다. 방문객들은 바다 냄새를 느끼고 마시며 서로의 담소를 나눈다. 해변을 빠져나가는 바람은 그들의 이야기를 쓸어 담아 바다 위에 흩뿌리고 사라진다. 저녁 어스름이 깔리면 바다에서 사람들의 체취가 물씬거린다.

광안리 밤바다는 자연과 문명, 바다와 도심이 함께 공존하는 풍경이다. 널따란 백사장, 잔잔한 파도, 궁전처럼 떠 있는 유람선, 광안대교의 오색 빛 꽃전등, 해변의 고층 건물과 수영만 마천루의 화려한 조명이 합쳐지면 환상적이고 낭만적인 분위기를 만들어낸다. 무명가수의 라이브 콘서트와 젊은이들의 춤사위 한마당, 문인들의 낭랑한 시 낭송까지 어우러지면 외국의 이름난 해변을 거닐고 있는 듯하다.

야경에 한참 빠져있으면 몇 년 전 태국에서 크루즈를 탔던 기억이 떠오른다. 방콕의 차오프라야강을 따라 이동하는 '선셋 투어'였다. 어둠이 내리면 강을 따라 자리 잡은 왕궁과 사원에서 뿜어내는 무지갯살 조명이 불야성을 만들었다. 무료로 제공되는 맥주를 마시며 200여 명의 여행객이 펼치는 화려한 댄스파티는 나이트클럽을 방불케 했다. 아무도 나이와 성별, 색깔을 구분하지 않고 각자의 자유를 분출했다. 나도 젊은이들과 함께 어울리며 광적인 춤을 추었다.

광안대교 위에 사리와 조금을 관리하는 달이 떴다. 항아리 모양을 닮아 가장 예쁘다는 열사흘 달의 그림자를 품은 바다는 윤슬을 뿜어내고 너울너울 춤까지 추면서 온몸으로 달빛을 즐긴다. 달에는 물이 없지만 '폭풍의 바다, 풍요의 바다, 인식의 바다'라고 불리는 바다 지명이 많다. 달은 바다를 그리워하고 어둠의 바다는 생명의 빛을 원하는 간절함에 서로의 연정을 확인한다. 달은 바다 위에 머무르고 있을 때, 밤바다는 달빛을 받고 있을 때 더욱 아름답게 보인다.

달은 여인들의 소망을 들어주는 신이기도 하다. 열 살 때쯤 밤늦게 어머니를 따라 바다로 간 적이 있다. 달과 등대가 보이는 해안가에 이미 많은 아주머니가 각자의 소망을 빌고 있었다. 그 대열에 어머니도 합류했고 나는 아무 의미도 모른 채

어머니가 하는 동작만 따라 했다. 그 여인들은 모두 개인의 안위보다 가족들의 무탈을 기원했고, 바라는 바가 이루어지지 않으면 정성이 부족한 탓으로만 돌렸다. 자신들의 달거리까지 관리하는 신에게 원망이나 불평을 하지는 않았다.

언젠가 밤바다에 비가 내렸을 때였다. 옷을 벗고 백사장을 달려 바다로 들어가고 싶은 충동을 느꼈다. 어느 가곡의 가사에 나오는 '파란 물 눈에 보이는 남쪽 바다', 마산의 합포만에서 친구들과 함께 소나기를 맞으며 바닷게를 잡다가 속옷만 입은 채 갯벌 위를 달리던 때가 생각났다. 넘어지면 웃으면서 일어나 다시 뛰었다. 씨름을 몇 번 한 후, 얼굴에 뻘을 바르고 바닷물에 첨벙 뛰어들었다. 뒷일을 걱정하지 않았고 두려움도 없었다. 욕심 없이 마냥 순수했던 그 시절이 그립다. 밤바다에 굵은 빗방울이 후드득 내리면 바다로 들어가 마음속에 기생하고 있는 탐욕과 위선을 깨끗이 씻어내고 싶다.

밤늦은 시간에 차를 몰고 금련산 8부 능선에 자리하고 있는 전망대에 가본 적이 있다. 전망대에서 바라보는 광안리 바다 야경은 한 폭의 그림이다. 누가 와서 화폭에 그리든 사진으로 남기든 멋진 작품이 될 수 있다. 타원형의 고요한 호수 위에 크고 작은 별들이 내려와 빤짝거리고 있다. 숙련된 어부가 그물을 던지면 호수와 별들을 한꺼번에 끌어올릴 수 있을 것 같다. 빈센트 반 고흐가 그린 「아를의 별이 빛나는 밤에」라는 작품도 떠오른다. 고흐가 여기서 광안리 밤바다를 보았다면 어떤 멋진 그림을 그렸을지 궁금하다.

자정이 넘어 불빛이 드문드문 보이는 시간에도 바다는 파도를 만들고, 파도는 예쁜 포말을 만들며 아직도 백사장에 머무는 젊은이들을 유혹한다. 어떤 연인들은 팔짱을 낀 채 행복을 나누며 걸어가고, 몇몇 청춘들은 자신들의 꿈을 실은 폭죽을 하늘 높이 날려 보내고, 혼자 걷고 있는 남자는 흘러간 노래를 부르며 누군가를 그리워하고, 턱을 괴고 앉아 있는 여인은 또 다른 사랑을 기대하고 있다. 사람들은 밤바다의 백사장에서 목표와 용기를 찾아내어 미래의 텃밭에 희망의 씨앗을 뿌리는 중이다. 그들의 아름다운 사랑 이야기는 광안리 밤바다의 추억으로 포장되어 오래오래 가슴속에 남아 있을 것이다.

꼭두새벽에 출항한 작은 고깃배들은 밤이 사라지기 직전에 광안리 포구로 들어온다. 싱싱한 해산물을 직접 구매하기 위해 인근 주민들도 새벽 일찍 바다로 나온다. 사람들이 부산하게 움직이기 시작하고, 저 멀리 수평선 끝에서 여명이 조금씩 밀려오면 밤새 광안리 바다를 지키던 어둠은 서서히 물러난다. 밤낮이 반복되는 자연의 법칙을 따라야 한다.

몇몇 아주머니들이 어둠의 꼬리를 잡고 두 손을 모으며 머리를 조아린다. 나도 50여 년 전 어머니에게서 배웠던 자세를 취하며 그리운 사람들의 평안을 기원해 본다.

4부

주방

모두 나에게만 오면 끝장이다. 비싼 소고기도 좋고 맛있는 돼지 삼겹살도 좋다. 하늘만 바라보며 이슬을 마신 채소든 땅속으로만 달려가는 풀뿌리든 상관없다. 멀리 태평양 심해에 살던 생선이건 가까운 연해에서 자란 해조류건 개의치 않는다. 나에겐 대장간에서 몸을 단련시킨 다양한 종류의 칼과 전남 장흥 출신의 편백 나무 도마가 있다. 싱크대라 불리는 나의 심장에는 깨끗한 물이 콸콸 쏟아지고, 스위치만 누르면 활활 타오르는 불이 있다. 두려울 것도, 못할 것도 없다.

나를 마술사라 부르는 사람도 있다. 틀린 말은 아니다. 아무리 더러운 그릇도 나에게만 오면 빤짝빤짝 빛나게 된다. 주인이 원하는 요리를 뚝딱뚝딱 맛있게 만들 수 있다. 지금까지

내가 해본 요리는 국 찌개 볶음 찜 전골 조림 생채 숙채 전 구이 등, 이루 말할 수 없다. 마술사가 가끔 실수하는 것처럼 나도 국을 찌개로 만들거나 찌개를 찜처럼 만드는 오류를 범한다. 그 불찰은 주인이 음식을 만들면서 TV를 보거나 친구와 정신없이 통화하기 때문에 생기는 일이다. 주인님, 요리할 때는 제발 저에게만 신경을 써 주시기 바랍니다.

나에게 딸린 식구도 많다. 좌 가스레인지, 우 냉장고. 사신도에 나오는 청룡과 백호를 누가 더 우월하다고 말할 수 없는 것처럼 두 놈도 그렇다. 하나는 성질이 불같이 뜨겁고, 다른 놈은 얼음처럼 차갑다. 같이 붙여놓을 수가 없다. 중간에 자리 잡은 싱크대가 그들의 접근을 통제하고 있다. 머리와 다리에는 각종 양념이나 그릇, 프라이팬 등이 보관된 수납장과 선반이 있다. 그들 덕분에 나의 외모는 더욱 깔끔해졌고 여유 있는 공간도 확보할 수 있다. 난방과 온수를 책임지는 가스 배관은 내 몸속에 혈관처럼 뻗어 있다.

쌀통이나 냉장고에 들어간 물건은 선입선출법先入先出法이 적용된다. 수납장에 얌전히 앉아있는 그릇이나 커피잔에는 그 법칙이 적용되지 않는다. 새로 산 그릇만 사용하고 그것이 싫증 나거나 깨지면 다시 구매한다. 12년 전, 수납장에 들어간 꽃이 그려진 접시는 아직 한 번도 세상 구경을 못 하고 있다. 아마 숨이 막혀 죽었는지도 모르겠다. 주인은 그게 있는지도 모를 것이다. 세상사 다 그렇다고 이해하려고 해도 다른 가족들도 언젠가 외면당할지 모른다고 생각하면 마음이 편치만은 않다.

두 발짝만 걸어가면 나의 사촌들이 모여 사는 공간이 있다. 쌀통 전기밥솥 커피포트 같은 터줏대감과 차례대로 입주한 전자레인지 김치냉장고 토스트기가 잘 어울려 살고 있다. 그중 전기밥솥은 두 번이나 바뀌었다. 혼자 열을 많이 받고 풀지 못해서 스스로 수명을 단축했다. 전자레인지와 토스트기는 거의 매일 공휴일이다. 반면에 김치냉장고와 커피포트는 1년 내내 빨간 날이 없다. 매일 바쁘게 열심히 일한다. 그런데도 주인은 그들에게 칭찬 한마디 없다. 같은 동료라도 열심히 하는 놈과 그렇지 못한 놈을 구별해야 하는데….

그 옆으로 식탁이 있다. 전에는 네 명이 함께 식사했는데, 지금은 두 명밖에 보이지 않는다. 그렇다고 신혼부부는 아닌 것 같다. 조용히 밥만 먹고 후다닥 일어선다. 부부가 맞는지 모르겠다. 가끔 식탁 위에 꽃병이 올라오면 텃밭을 화단으로 가꾸어 놓은 기분이다.

나의 원래 이름은 '부엌'이었다. 옛날에는 '부뚜막'이나 '정지'라고도 불렀다. 아파트가 본격적으로 보급되면서 나는 빠른 속도로 진화해 왔다. 부엌이라는 단어에서 불편하고 촌스러운 냄새가 난다는 이유로 현대적인 이미지를 가진 현재의 이름으로 개명했다. 이제는 단순하게 음식을 조리하고 식기를 세척하는 공간이 아니다. 생각지도 못했던 TV, 컴퓨터, 스마트 가

전들이 우리 가족으로 입양되어 오고 있다. 첨단 시설과 기술력이 집약된 하나의 문화 공간, 소통의 공간이다. 사람들은 나의 공간에 앉아서 음악을 듣고 책도 읽는다. 젊은이들은 나를 '아트키친'이나 '시스템키친'이라 부른다. 그렇게 어색한 말은 아닌 것 같다.

나의 주인이 바뀌었다. 전에는 안주인이었는데, 지금은 바깥양반이다. 며칠 하다가 그만두겠지 생각했는데 5년 넘게 나를 통제하고 있다. 30년 가까이 직장생활을 했으면 좀 쉬지. '삼식이' 소리 좀 들으면 어때. 남자가 쪼잔하게 요리를 한다고. 그래도 재미가 있는 모양이다. 매일 새로운 것을 만든다고 바쁘다. 땀까지 뻘뻘 흘리면서 요리하는 모습을 보면 안쓰러운 마음도 생긴다. 안주인에게 잔소리를 듣지 않기 위한 중년의 마지막 발악인지 모르겠지만 그 의지는 칭찬할 만하다.

자연스럽고 민주적인 방법으로 주인이 바뀌었지만, 나로서는 아쉬운 점도 있다. 남자의 투박한 손길과 여자의 부드러운 그것과는 느낌이 다르다. 술을 좋아하는 바깥양반은 새벽 시간에 가끔 술 냄새를 풍기며 요리를 한다. 안주인은 화장하지 않아도 몸에서 풍겨 나오는 향수 냄새가 나를 기분 좋고 활기차게 만들어 준다. 그래도 어쩔 수 없다. 아무리 정치인들이 밉고 싫어도 그 임기가 끝날 때까지는 그를 따를 수밖에 없는 게 현실이다.

내가 품은 바람은 단 하나다. 주인과 가족들이 나의 공간에서 만들어진 맛있는 요리를 즐겁게 먹는 것이다. 아무리 바쁜 아침 시간이라도 시래깃국 한 숟가락 떠먹고 가는 모습이 나를 흐뭇하게 만든다. 봄에는 상큼한 나물을, 여름에는 시원한 냉국을, 가을에는 향긋한 송이버섯 전골을, 겨울에는 칼칼한 동탯국을 제공할 수 있어 나는 행복하다.

주인과 가족들의 건강은 내가 책임진다. 그것이 내가 존재하는 이유가 아니겠는가.

밥정情

'식사하셨어요?'

흔하게 쓰는 인사말 중 하나다. 그 물음에는 약탈과 침략으로 얼룩진 우리 민족의 아픈 역사와 서민들의 한이 스며있다. 밥 한 끼 먹으려고 누구는 소처럼 일하고, 어떤 사람은 강아지처럼 구걸했고, 몇몇은 눈밭에 갇힌 야생동물처럼 굶기를 밥 먹듯 했다. 식사에 관한 인사말에는 너는 어떻게 한 끼를 무사히 해결했는지에 대한 걱정과 배려하는 마음이 담겨 있다. 식사 여부는 생존과 안부를 묻기 위한 필수조건이다.

'밥'이라는 단음절을 사용하여 서로의 마음을 전달하기도 한다. '나중에 밥 한번 살게. 밥심으로 산다. 한솥밥 먹는다. 밥값은 해야지. 그 나물에 그 밥. 콩밥 먹고 싶어. 그 사람 밥맛이야. 차려진 밥상에 숟가락만 얹는다. 밥만 먹고 사나.' 밥을 먹으며 대화를 나누다 보면 표정만으로 서로의 생각과 고민을 공유할 수 있다. 과거를 반성하고, 현재를 의논하고 미래의 방향을 설정하는 자리이기도 하다. 밥은 우리의 생활이자 문화 그 자체다.

'밥은 먹었나?'

어머니에게서 너무 자주 들었던 말이다. 통화하거나 얼굴만 보면 '밥 밥 밥'하던 말이 얼마나 지루하고 짜증 났는지 모른다. 그 말 속에 아들의 가정과 직장, 사회생활을 걱정하는 사랑이 녹아들어 있다는 사실을 어머니가 돌아가신 후에야 알았다. 자식이 밥 잘 챙겨 먹고 건강하게 일상생활하는 모습을 보는 것이 당신 삶의 가장 큰 기쁨이고 희망이었다. 어머니가 자식의 식사를 걱정하는 이유는 제때제때 챙겨 먹고 힘든 세상살이에 잘 적응하기를 바라는 마음과 정情 때문이다.

'밥 먹자.'

퇴직하고 5년 동안 집안의 먹거리를 책임지면서 자식들에게 했던 말이다. 지금은 따로 사는 아들 둘이 그때는 대학생이었다. 식성이 좋은 자식들에게 신선하고 좋은 음식을 먹이기 위해 인근 시장과 마트를 발바닥에 불이 날 정도로 바쁘게 다녔다. 힘은 들었으나 애들이 잘 먹는 모습을 보면서 뿌듯함을 느꼈고 더 맛있는 밥과 반찬을 만들기 위해 열과 성을 다했다. 요리사는 레시피를 몰라도 정성으로 요리하는 만큼 먹는 사람은 맛이 아닌 감사의 마음으로 먹어야 한다. 그 정성과 마음이 하나가 되면 '밥정(밥情)'이라는 울타리가 만들어진다.

얼마 전, 2020년에 개봉한 영화 ≪밥정≫을 보았다. 2021년 6월, 65세 나이에 심장마비로 세상을 떠난 '임지호 셰프'의 일생을 본인이 직접 주연으로 출연하고 '박혜령' 감독이 제작한 다큐멘터리 영화다. 자연 요리 전문가로 알려진 임지호 선생은 UN을 비롯한 세계 각국의 중요 행사에 초청받아 요리 퍼포먼스를 선보였다. 정상회담의 대통령 만찬에도 참여하여 한국의 맛을 널리 알린 독보적인 음식 문화 외교관이었다.

TV의 음식 관련 프로그램에 출연하고 강화도에서 본인의 요리 철학이 담긴 한식당 '산당山堂'을 운영하기도 했다. 사람들은 '임지호'라는 이름을 들으면 '방랑식객'이란 단어를 제일 먼저 떠올린다. 그는 일식점과 중식점, 한식점에서 도제식으로 요리를 배우다가 새로운 식재료를 찾아 40년간 전국 곳곳을 돌아다녔고, 처음 접한 식재료를 이용해 무엇을 만들지 고민과 연구를 거듭했다. 자신만의 요리, 자연 친화적인 요리를 선보이면서 세간의 이목을 끌기 시작했다. 재료 고유의 향취가 느껴지는 그의 요리를 '신의 요리'라고 평가한다. 선생은 『마음이 그릇이다. 천지가 밥이다』 등의 저서에서 '음식은 종합예

술이고 약이며 과학이다.'라고 언급했다.

임지호 선생은 평생 세 분의 어머니를 섬겼다. 아버지는 한의사였지만 생모는 기억 속에 존재하지 않았다. 생사도 확인할 수 없었다. 스물두 살에 자신을 지극정성으로 키워준 어머니가 친어머니가 아니라는 것을 알고 전국을 떠돌며 친어머니의 흔적을 찾아, 잃어버린 과거를 찾아 돌아다녔다. 아픈 사연을 간직한 그는 길에서 인연을 맺은 사람들에게 잔디, 잡초, 이끼, 나뭇가지와 같은 자연 재료로 만든 음식을 기꺼이 대접했다. 그러던 중 지리산에서 만난 '김순규' 할머니를 길 위의 어머니로 10년간 모시게 되었다. 할머니는 영화가 완성되기 얼만 전까지 살아계셨다.

끝끝내 찾아온 세 번째 이별. 할머니의 사망 소식을 다큐멘터리 제작진에게 듣게 된다. 선생은 낳아주신, 길러주신, 마음을 나눠주신 세 명의 어머니를 위해 3일 동안 108접시의 음식을 밤낮없이 장만한다. 제를 지낸 후, 할머니의 가족, 동네 어르신들과 함께 음식을 나누어 먹는다. 임지호 선생의 환한 미소 속에 한줄기 눈물이 흘러내린다. '밥정'으로 쌓은 기쁨과 그리움의 눈물이다.

짧은 시간이지만 나에게 밥을 챙겨 준 두 분의 또 다른 어머니가 계셨다. 내 나이 칠팔 세 무렵에 시골 고향 집에 혼자 살던 시절이 있었다. 가정 형편상 가족들이 뿔뿔이 흩어져 객지 생활할 때였다. 옆집 아주머니는 거지처럼 생활하던 나를 하루에 한 번 자신의 집으로 불러 먹다 남은 식은밥을 챙겨주셨다. 찬밥과 두세 가지 반찬을 게 눈 감추듯 핥아먹었던 기억이 난다.

또 한 분은 고1 때 만난 친구, 선태의 어머님이다. 선태는 친구를 좋아했고 그의 어머니도 아들의 친구를 자식처럼 아끼고 사랑해주셨다. 선태의 집은 하숙집처럼 늘 친구들로 북적거렸다. 언제든지 찾아가면 밥을 먹을 수 있고, 잠을 잘 수 있고, 아침에는 도시락에 용돈까지 챙겨주셨다. 가족 모두가 바빠서 항상 혼자 밥을 먹었던 우리 집과 방금 지은 따뜻한 밥을 누군가와 함께 먹는 친구 집의 밥맛은 천지 차이였다. 선태 어머니가 노릇하게 구워주는 짭조름한 갈치구이도 맛있었지만 "항상 사이좋게 지내라."며 등을 토닥거려주던 따뜻한 정에 마음이 더 끌렸을 것이다.

'밥정은 애틋함이다.'

나에게 밥을 챙겨 준 세 분 어머님의 정을 늘 그리워하며 살았다. 고향의 아주머니도, 선태의 어머니도, 나의 어머니도 모두 돌아가셨다. 나는 세 분의 어머니를 위해 따뜻한 밥 한 끼 대접하지 못했다. 안타깝고 애가 타지만 지난 시간을 돌이킬 수 없다. 이제 시린 허기로 고통받고 있는 아이들과 또 다른 어머니를 위해 밥을 나누어야겠다는 생각을 해본다.

세상천지가 밥情으로 따뜻해졌으면 좋겠다.

해감

TV에서 갯벌의 먹거리 체험과 관련된 방송을 한다. 벌교에 여행 가서 다양한 꼬막 요리를 먹었던 기억이 떠오른다. 전국에서 생산되는 꼬막 중 벌교산이 최고로 대접받는다. 인근 고흥반도와 여수반도가 감싸는 벌교 앞바다의 여자만汝自灣 갯벌은 모래가 섞이지 않고 오염도 되지 않아 꼬막 서식지로는 최적이라고 한다. 여자만의 갯벌은 생명의 땅이고, 꼬막은 생존을 위한 식량이다.

오래전부터 꼬막 채취는 여자들의 몫이다. 길이 2m, 폭 50㎝ 정도의 널빤지로 만든 널배를 타고 갯벌을 샅샅이 훑어야 한다. 배라고는 하지만 동력이 없어 갯벌에서만 사용할 수 있는 일종의 갯벌용 스키라고 할 수 있다. 왼쪽 무릎을 꿇은 채

널배 위에 올려진 플라스틱 양동이에 가슴을 기대고 엎드려 작업한다. 오른발로 갯벌을 밀어 이동하면서 양손으로 꼬막을 캐내어 그물망에 담는다. 갯벌에서 이동하는 모습을 멀리서 보면 마치 활주로 위에서 천천히 움직이는 경비행기처럼 보인다.

꼬막 요리를 할 때 가장 중요한 것 중 하나가 해감이다. 해감은 흙과 유기물이 바닷물에 썩어 생기는 냄새나는 찌꺼기나 그것을 뱉어내게 하는 과정을 말한다. 꼬막의 이물질을 제거하는 방법은 개인마다 약간의 차이는 있으나 소금물에 담가 검은 비닐봉지로 덮어준 후, 서너 시간이 지난 다음 끓는 물에 데치는 게 일반적이다. 꼬막이 자연스럽게 찌꺼기를 토해내도록 하고 먹기 좋게 익히기 위해서다. 알맞은 시간과 화력으로 해감을 깔끔하게 잘해야만 통통하고 쫄깃한 꼬막의 식감을 즐길 수 있다.

꼬막 속에는 살과 이물질만 있는 게 아니라 꼬막을 채취한 여인네들의 응어리도 스며들어 있다. 시집을 오자마자 갯벌로 나가 칼바람을 맞으며 몇 시간을 널배에 엎드려 작업하는 고통, 나는 힘들어도 자식들은 성공해서 잘 살아야 한다는 어머니의 마음, 더 따뜻하고 넓은 집을 장만하기 위한 인내와 끈기가 갯벌과 꼬막 속에 배어 있다. 그 여인네들의 멍울을 풀어주기 위해서는 고사를 지내듯 정성을 다해 해감해야 한다. 요리할 때 재료의 소중함과 농어민들의 노고를 생각할수록 더 맛깔

스럽고 먹음직스러운 음식을 만들 수 있다.

해감과 관련된 음식을 좋아하는 편이다. 큰처남이 사는 하동에 가면 재첩국과 재첩 회무침을, 친구가 농사짓는 청도에 가면 추어탕을, 혼자 점심을 해결하기 위해 중국집에 가면 홍합짬뽕을, 육류보다 조개류가 들어간 된장찌개를 즐겨 먹는다. 애주가의 몸속에 흐르고 있는 알코올 기운에 시원하고 얼큰한 국물을 섞어서 정신적 균형을 잡으려는 본능인지도 모르겠다. 해감이 깔끔하게 되지 않은 음식을 먹으면 종일 몸 상태가 좋지 않고 기분도 왠지 찜찜하다.

해감은 예나 지금이나 빈부귀천을 가리지 않는 중요한 요리 과정이다. 해감을 어설프게 했다가 처벌받은 요리사도 있다. 즐겨 보았던 드라마 「대장금」의 내용과는 달리 수라간의 나인들은 식재료 준비와 수라상 운반 등의 보조업무를 맡았다. 사옹원司饔院의 진귀한 요리는 '숙수熟手'라는 천민 출신의 남자 요리사들이 대부분 만들었다. 1903년, 대령숙수들이 만든 홍합 요리를 고종이 먹다가 이가 부러졌다. 그로 인해 네 명의 숙수가 곤장을 심하게 맞았다는 사실이 기록으로 남아 있다고 한다. 일을 더 잘하려고 신경을 쓰다 보면 간혹 실수할 때가 있다.

해감은 조개류가 평소 몸속에 쌓아온 노폐물을 토해내는 과정으로 일종의 '자기정화自己淨化'라고 할 수 있다. 사람들은 외모를 예쁘게 꾸미기 위해 신경을 많이 쓰지만, 마음속에 축적

된 앙금이나 응어리 같은 불순물을 제거하여 정신적 안정을 찾으려는 노력은 하지 않는다. 마음이 정화되어야 일상이 편하고 외모도 밝아진다. 어쩌면 해감은 조개류보다 사람에게 더 필요하지 아닐까 생각해본다.

감정의 응어리가 쌓이면 속병으로 남는다. 얼마 되지도 않은 재산 상속 문제로 형과 소원하게 지낸 적이 있다. 어머니가 돌아가시면 유산은 넉넉지 못한 형편으로 병든 어머니를 지극정성으로 모신 형의 몫이라고 생각했었다. 막상 어머니의 임종이 다가오자 나도 똑같은 자식이고 어머니를 위해 할 만큼 했다는 생각으로 재물에 눈이 멀었었다. 장례를 끝내고, 마치 남인 것처럼 형과 옥신각신했다. 냉전의 시간이 두어 달 지나면서 형에게 죄송한 마음이 들었다. 당장 찾아가 사죄하고 싶었으나 용기가 나지 않았다. 시간이 갈수록 근심과 걱정이 쌓이면서 병이 날 것 같았다.

더는 참을 수 없어 밤늦게 형이 사는 동네로 차를 몰고 가 포장집에서 형을 만났다. 형수와 조카들에게 민망스러워 차마 집으로 찾아갈 수 없었다. 떨리는 손으로 형에게 소주잔을 권하며 눈물로 사죄했다. 형은 이해한다며 나의 등을 몇 번 쓸어주었다. 우리 가족이 힘들게 살았던 시절과 부모님에 관한 이야기를 상기시키며 함께 눈시울을 붉히기도 했다. 두 시간 넘게 술을 마신 후 형의 집으로 가서 함께 잠을 잤다. 아침에 형수는 시원한 홍합탕을 끓여주었다. 응어리를 해감하듯 말끔하게 씻어낸 후, 이제 이전처럼 허물없이 잘 지낸다.

요즘 몇몇 사람의 욕심과 야욕으로 가슴에 상처를 입은 사람들에 관한 뉴스를 자주 듣는다. 경찰의 고문에 의한 허위 자백으로 21년간 억울한 옥살이를 한 평범한 시민, 유명 연예인이나 스포츠 선수에게 학창시절 폭행이나 금품갈취를 당했다는 선량한 젊은이, 특별한 이유도 없이 하인이나 머슴처럼 취급받는 아파트 경비원들의 마음속에는 얼마나 많은 응어리가 쌓여있을까. 그 종양은 물질적인 보상이나 수술로 제거되지 않는다. 스스로 토해내고 마음을 정화하기도 매우 힘든 일이고 모든 시간을 원점으로 되돌릴 수도 없다.

우리 사회와 이웃이 그들을 따뜻하게 보듬어주고 토닥거려주어야 한다. 꼬막처럼 완벽하게 해감하기는 어렵더라도 가슴에 맺힌 한을 조금이나마 덜어내 주기를 바라는 마음이다. 해감하는 과정이 개인마다 다르듯 마음속에 사무친 응어리와 앙금을 풀 수 있는 특별한 방법을 각자 나름대로 하나씩 갖고 있으면 좋겠다.

상처를 받고 싶지 않으면 주어서도 안 된다.

된장찌개

우리나라 사람이 제일 좋아하는 음식은 무엇일까. '김치찌개, 된장찌개, 김치, 불고기, 비빔밥' 등의 순이라고 유명 여론조사기관에서 발표한 적이 있다. 국내 거주하는 외국인은 불고기, 비빔밥, 치킨, 김밥, 부침개를 선호하고, 홍어, 개불, 산낙지, 번데기, 청국장을 꺼린다는 조사도 있다. 요리 자체의 향과 비주얼, 식감, 개인의 나이와 취향, 문화에 따라 음식에 대한 호불호는 달라진다.

며칠 전, 승용차를 카센터에 맡기고 식당에서 된장찌개를 먹고 있었다. 40대 중반으로 보이는 아주머니와 고등학생인 아들이 옆 테이블에 앉았다. 아주머니가 아들에게 뭘 먹을 것인지를 묻자, 아들은 열서너 가지의 메뉴를 훑어본 후, "청국장

먹을래요."라고 말했다. 나는 밥을 입에 넣다가 깜짝 놀라 잠시 동작을 멈추었다. '청국장! 어린 학생이?' 이마의 땀을 닦아가면서 청국장을 먹는 모자의 모습을 보며 식성은 부모와 가정환경에 따라 좌우될 수 있다는 사실을 새삼 깨달았다.

'된장찌개'를 수필 제목으로 정해 놓고 다른 작가의 관련 작품을 몇 편 읽어보았다. 대부분 어머니가 끓여 준 된장찌개를 언급했다. 나에게 그런 추억은 없다. 한 가정을 책임졌던 어머니는 늘 장사한다고 바빠서 우리 집에는 간장이나 된장을 담근 장독 자체가 없었다. 가끔 음식점에서 된장찌개를 먹었으나 그냥 평범한 음식이라고만 생각했다. 결혼 후, 시골 출신인 아내가 자주 끓여주는 된장찌개에 제맛을 조금씩 알게 되었다. 나이가 들면서 된장의 특이한 냄새는 내 몸에 익숙해졌고, 생각만으로도 식욕을 돋우어 준다. 지금은 김치찌개보다 더 좋아하는 음식이다.

육십이 다 되어 요리를 독학하면서 처음 시도한 음식은 된장찌개였다. 자주 먹는 음식이라 만만하게 생각했으나 큰 오산이었다. 멸치 몇 마리를 프라이팬에 가볍게 볶은 다음 다시마와 함께 육수를 우려낸다. 멸치와 다시마를 건져낸 후, 된장을 넣고 한참을 끓이다가 필요한 재료를 넣는다. 투입되는 재료, 소고기, 돼지고기, 바지락, 미더덕, 시래기, 등에 따라 된장찌개의 명칭이 달라진다. 된장찌개는 호박 감자 두부 양파 버섯 고추 대파 부추 달래 쑥 냉이 아욱 따위의 어떤 부재료가

들어와도 수용하고 어우러지며 특별한 맛을 낸다. 나는 생각이나 피부색이 다른 사람을 처음 만났을 때 된장찌개처럼 포용하고 같은 방향으로 나아갈 수 있는지 자문해 본다.

된장찌개를 끓이며 생각한다. 어떤 농부는 콩을 심고 수확해서 삶아 찧은 다음, 메줏덩이를 시렁에 매달았다. 메주는 발효를 위해 캄캄한 장독 속에 갇힌 채 인고의 시간을 보내야만 된장으로 다시 태어난다. 또 다른 농부는 호박과 감자, 양파를 심고 땀을 흘리며 한두 철을 보냈고, 소와 돼지를 키우기 위해 몇 년을 고생했을 것이다. 나는 농민들의 피와 땀, 정성과 시간을 작은 뚝배기에 담아 보글보글 끓이고 있다. 모든 음식이 다 그렇겠지만 특히 된장찌개는 허투루 만들고 먹어서는 안 된다.

나는 육류보다 바지락이나 미더덕을 넣은 해물 된장찌개를 더 좋아한다. 40년 넘게 소주를 마시면서 몸뚱이가 술에 절어 있다. 얼큰하고 시원한 된장찌개 국물을 몸속에 주입하여 망가져 가는 육체적 균형을 바로 잡기 위한 최선책인지도 모르겠다. 찌개가 바글바글 끓을 때 한 숟가락 떠먹으면 칼칼한 맛이 느껴진다. 기분이 좋다.

된장찌개는 언제든지 먹을 수 있는 비상용 음식이고, 소화제처럼 먹는 상비약이다. 특별한 국거리나 반찬이 없을 때, 시장이나 마트에 갈 시간이 없을 때, 속이 느끼하고 더부룩할 때 된장이나 끓여 먹자고 말한다. 고깃집에서 삼겹살이나 갈비를 먹은 후, 대부분 된장찌개와 함께 밥을 먹는 이유이기도 하다. 아침 해장으로 복국이나 짬뽕을 먹는 사람도 있으나 시래기 된장찌개를 찾는 사람도 있다. 박완서 선생의 산문집, 『노란집』에 '무청 우거지와 멸치 넣고 지진 된장찌개를 먹었더니 들뜬 소화기관이 제자리에 정비된 것처럼 개운해졌다.'라는 내용도 나온다.

두 아들이 학생이었을 때, 함께 외출해서 볼일을 본 후, 햄버거나 피자를 먹은 적이 몇 번 있었다. 외국산 인스턴트 음식을 아이들은 싱글거리며 맛있게 잘 먹었지만 내 입맛에는 맞지 않았다. 외출 분위기를 맞추기 위해, 허기를 면하기 위해 억지로 먹으면서 신토불이라는 단어의 의미와 함께 구수한 냄새가 나는 된장찌개를 생각했다. 어쩌다 햄버거나 피자를 먹을 때도 그런 생각이 드는데 몇 년이나 몇십 년을 외국에서 살아야 하는 동포들의 마음은 어떠했을까.

100년 전, 미국에 정착한 이민 1세대와 60여 년 전 이역만리 독일로 떠난 광부와 간호사들은 된장찌개가 얼마나 먹고 싶었을까를 생각해보면 안타까운 마음 그지없다. 된장의 특이한 냄새가 밖으로 새어 나가지 못하도록 모든 창문을 꽉꽉 닫고, 끓인 된장찌개를 먹으며 흘린 그리움과 애틋함의 눈물은 어떤 서러움과도 비교할 수 없다. 눈물 젖은 밥을 먹어 본 사람은 누구보다 더 독하게 살아야 한다는 의지를 갖는다. 된장찌개에는 한국인의 은근과 끈기가 담겨 있다.

오래 묵은 된장일수록 진득한 맛이 나고 우리 몸의 생리 활성화에도 도움이 된다고 한다. 된장찌개를 끓이는 시간은 된장이 숙성되는 시간과 비례한다. 공장에서 만든 된장으로 찌개를 만들 때는 센 불에 잠깐만 끓여야 하지만 장시간 숙성시킨 집 된장은 낮은 불에서 충분히 끓여야 깊은 맛이 난다.

빠르고 편리한 것만 추구하는 시대다. 그러다 보니 사람들의 성격이 급해지면서 인내심은 떨어진다. 느긋하게 기다려주는 정이 사라지고 있다. 된장찌개의 진득한 맛과 깊은 맛. 그런 맛을 풍기는 친구가 주변에 많을수록 더욱 살맛 나는 세상이 될 것이다. 그보다 앞서, 친구들은 자신을 어떤 맛으로 평가하고 있는지를 먼저 생각해 볼 일이다. 된장찌개가 주는 의미를 되새겨 본다.

퇴직하고 집에만 있는 남자들은 아내에게 잔소리를 많이 듣는다. 그게 싫어 이런저런 핑계를 대며 집 밖으로 도망만 다닌다. 그러다 보면 집이 싫어지고 아내가 미워진다. 집에서 최소한 세탁기와 전기밥솥은 사용할 수 있고, 된장찌개 하나만이라도 끓일 수 있다면 아내도 마음 놓고 외출할 수 있을 것이다.

냉장고를 지키며

인생은 짧습니다. 행복과 불행, 쾌락과 고통 모두 한순간입니다. 인간들은 백세시대라고 떠들지만, 허세일 뿐입니다. 기나긴 우주의 시간에서는 그냥 한 점에 불과합니다. 나는 그 점도 찍지 못한 채 세상을 떠나야만 합니다. 천도재까지 바라지 않지만, 나의 껍데기만이라도 고향 땅에 뿌려 주면 좋겠습니다. 혹시 환생한다면 담벼락에 올라 '꼬끼오~'라고 목청껏 소리치며 새벽을 깨우고 싶습니다.

3~4천 년 전. 우리 조상들은 인도, 말레이시아 같은 동남아에서 살았습니다. 넓은 초원을 힘차게 달리고 부채처럼 커다란 날개를 퍼덕거리며 나무 위를 날아다녔습니다. 행복한 시간의 연속이었습니다. 아무런 구속도 두려움도 없는 자유는 한순간에 무너집니다. 마침 먹거리를 찾고 있던 인간들에게

쉽게 포획되었고, 그때부터 잘 달리지도 날지도 못하게 되었습니다. 명색이 조류인데 시골의 철망 달린 함석집에 살면서 인간들에게 먹이를 구걸한다는 게 말이나 됩니까. 그렇다고 선조를 원망하지 않습니다. 좋든 싫든 바꿀 수 없는 나의 뿌리입니다.

나는 어머니 뱃속에서 엘리트 코스를 밟았습니다. 잘 자고, 잘 먹고, 잘 놀았습니다. 초지일관 노란 병아리가 되겠다는 일념으로 공부와 운동을 게을리하지 않았습니다. 공부한 것 중 '줄탁동시啐啄同時'라는 사자성어만 기억납니다. 원래 우리 가문이 머리가 좋지 않습니다. 그래도 단백질과 비타민, 필수 아미노산으로 가득 채워진 나의 동그란 몸뚱이는 영양덩어리 그 자체입니다. 모든 준비를 끝내고 기다렸으나 어머니는 끝내 나의 머리를 두드리지 않았습니다. 세상사 마음먹은 대로 되는 게 뭐 있겠습니까. 그저 게으르게 잠만 자고 있던 나 자신을 원망할 뿐입니다.

요즘 '웰빙'에 이어 '웰다잉'이 추세라고 합니다. 즐겁게 사는 것 못지않게 아름답게 죽음을 맞이하는 것도 중요하다는 말이겠지요. '아름다운 죽음' 나에게는 사치스러운 말입니다. 나는 생生으로, 아니면 뜨거운 물 속이나 프라이팬 위에서 죽음을 맞이해야 합니다. 특별한 고통 없이 생으로 눈을 감는 것이 그나마 다행인데, 주로 목을 많이 사용하는 사람들이 나를 그렇게 먹습니다. 장어 꼬리가 남자의 정력에 좋다는 말처럼 아무 근거 없는 이야기입니다. 나에게는 그런 성분이나 능력이 없습니다.

나를 힘들게 하는 죽음은 물속에 넣고 끓이는 것입니다. 프라이팬 위에서의 고통이야 잠시지만 펄펄 끓는 물 속에서는 10분 이상 뒹굴며 온몸을 바동거려야 합니다. '팽형烹刑'이라는 형벌이 고대 중국과 조선 시대에 잠시 있다가 사라졌다는데, 아무런 죄도 없는 내가 이런 끔찍한 벌을 받는다는 게 너무 가혹하다고 생각합니다. 시대가 바뀌어도 케케묵은 관습과 전통이 여전히 많이 남아 있습니다.

나는 50g 정도의 몸무게에 잘 깨지는 피부를 갖고 있습니다. 사람들은 그렇게 연약한 나를 갖고 바위를 친다고 말합니다. 너무 허무맹랑한 말이지만 곰곰이 생각해보면 이해가 됩니다. 바위를 깨뜨리기 위해 나의 몸을 던지는 것은 아닙니다. 노랗고 하얀 나의 분신들을 터뜨려 흔적을 남기기 위함입니다. 그 흔적은 각자의 욕망과 울분, 삶에 대한 저항입니다. 거대한 장벽 앞에 선 시위현장에서 내가 초개처럼 몸을 던지는 이유입니다. 신체가 허약하더라도 정신이 살아있으면 두려울 게 없습니다.

누구의 삶이든 슬픈 이야기만 있는 것은 아닙니다. 나름 보람과 긍지를 느낄 때도 있어야 합니다. 사람들이 좋아하는 국수와 떡국, 만둣국, 비빔밥 등의 요리를 만들 때, 나는 고명이나 지단이란 이름으로 그 음식의 최고 상석에 올라갑니다. 무시무시한 물과 불의 전투에서 승리한 개선장군처럼 모든 재료를 통제하고 지휘하는 기분입니다. 아무리 힘든 일이 있어도 그때를 생각하면 저절로 기분이 좋아집니다. 가끔 그런 착각을 하면서 살아가는 것도 그리 나쁘지는 않습니다.

나도 한때는 아이돌 못지않은 인기가 있었습니다. 소풍이나 기차여행을 가는 즐거운 시간에는 사람들이 나를 꼭 챙겼습니다. 점심 도시락 속에 나의 유무에 따라 학생의 품위가 달라졌고, 남학생들은 나를 서로 차지하기 위해 주먹질도 불사했습니다. 다방에서 커피나 쌍화차를 마실 때, 나의 노른자를 띄우고 참기름까지 몇 방울 떨어트려 즐기던 시절도 있었습니다. 무엇보다 기억에 남는 건 할머니의 따뜻한 손으로 시퍼렇게 멍든 손자의 눈가에 나를 문질러 주던 시간이었습니다. 어머니와 할머니를 모르는 나는 그 할머니의 사랑스러운 손길을 다시 한번 느끼고 싶습니다.

한때 나는 병아리로 태어나지 못한 것을 많이 불평했습니다. 지금은 내 운명에 충실하면서 나름 즐겁게 살다 가려고 노력합니다. 병아리로 태어났더라도 삼계탕이나 치킨집에서 생을 마감해야 하고, '조류인플루엔자(AI)와 살충제' 같은 뜻하지 않은 사건으로 살처분을 당한 우리 종족들이 수천만에 이릅니다.

어떻게 태어났든, 어떻게 살든 편안한 삶은 없습니다. 나만 힘들게 산다고 생각하지 않았으면 좋겠습니다. 각자 가야 할

길이 따로 있고, 그 길 위에서 작은 행복을 찾으려고 노력하면 됩니다.

나는 사람들에게 풍부한 영양과 맛있는 음식을 제공하기 위해 존재합니다. 몇몇 셰프들은 나를 가격 대비 최고의 식재료라고 말합니다. 아무리 비싸도 300원 안팎입니다. 앞으로 나를 이용한 다양하고 맛있는 요리가 누군가에 의해서 계속 개발될 것입니다. 나의 무한한 변신을 기대해 주십시오.

오늘도 나는 캄캄한 냉장고를 지키며 당신의 손길을 기다립니다. 무슨 요리를 만들지 모르겠지만 알맞은 때깔과 색다른 맛을 제공하기 위해 최선을 다하겠습니다.

오징어

빛을 좋아한 죄, 죽음이다. 추운 겨울을 제주도 남쪽에서 따뜻하게 보내며 산란의 기쁨을 맛보았다. 봄소식을 듣고 난류를 따라 동해안으로 올라왔다. 한류와 만나는 조경수역潮境水域, 울릉도 근처에는 맛있는 플랑크톤이 숱하게 있다. 밤늦게까지 만찬을 즐기던 중 천지개벽이 일어났다. 컴컴한 바다가 환한 빛으로 가득 채워졌다. 함께 있던 가족과 친구들은 빛을 향해 솟구쳤다. 그게 끝이었다.

어판장으로 끌려온 오징어는 생선 궤짝에서 초조한 마음으로 기다린다. 숨을 크게 쉴 수도, 몸을 움직일 수도, 대화를 나눌 수도 없다. 가까운 횟집에 머무르든, 활어차에 실려 서울로 가든, 바다가 보이는 덕장에 걸리든 그들의 선택사항이 아니다. 줄을 잘못 서면 라면이나 젓갈을 만드는 공장으로 갈지도 모른다. 자신의 의지와 상관없이 도살장으로 끌려가는 돼지처럼 인간의 결단에 따라야 한다. 어딜 가든 편안하고 즐거운 삶은 없다.

오징어에게 최후의 선택권이 주어진다면 덕장을 선택했을 것이다. 불꽃놀이 구경을 나왔다가 불심검문에 걸린 범인처럼 일가친척에게 인사는 물론 주변 정리도 못 하고 잡혀 왔다. 배가 갈라지고 내장이 제거되는 아픔과 몸통이 대꼬챙이에 끼워진 채 벌거벗은 모습을 보여주는 창피함도 감내한다. 비록 십여 일 남짓하지만, 동해안의 자연 바람을 쐬며 어린 시절의 추억이라도 떠올리고 싶을 것이다. 세상을 떠나기 전 고향을 바라보며 하직 인사를 할 수 있다는 건 큰 행운이다.

누구든 마지막 눈을 감기 전 회상에 잠긴다. 하룻밤 사이, 순식간에 두 번이나 당했다. 꽃길인 줄 알고 갔더니 가시밭길이었고 성찬인 줄 알고 먹었더니 오랏줄이었다. 단순하고 우매한 생각 때문이다. 오징어가 빛을 좋아하지만, 햇빛과 불빛을 구분하지 못한다는 게 첫 번째 문제였다. '살아있는 로켓'이라는 별명답게 빨아들인 물을 뿜어내는 추진력으로 전진과 후진만 한다. 회전을 모른다. 형광물질이 발린 채낚시가 먹이인 줄 알고 돌진하여 텁석 물었던 게 두 번째 실수다. 가끔 좌회전이나 우회전을 하면서 살아야 하는데…. 돌이킬 수 없는 일이다.

최근 오징어의 씨가 말라가고 있다는 안타까운 소식이 들린다. 집어등을 밝힌 채낚기 어선과 공조 작업을 하는 대형 트롤 어선이 해저에 있는 오징어 새끼까지 싹쓸이하는 불법 어획이 공공연하게 이루어지고 있다. 일부 선주들의 욕심으로 명태처럼 오징어가 없어진다면 동해안의 미래와 어민들의 꿈은 사라지고, 방문객들은 발길을 돌릴 것이다. 어존 자원을 보존하기 위해 관련 단체들의 세심한 관리가 있어야 한다. 생태계의 파괴는 한순간이지만 복구는 엄청난 시간과 노력을 투자해야 한다.

오징어는 문어, 낙지와 함께 두족류頭足類에 속한다. 두족류는 머리 부분에 다리가 있는 연체동물을 통칭한다. 오징어의 다리는 열 개가 아니라 네 쌍의 다리와 길게 뻗은 한 쌍의 더듬이 팔로 구성되어 있다. 먹이를 잡을 때나 교미할 때 상대를 힘껏 끌어안는 수단으로 두 팔을 사용한다. 청춘들이 연인을 만나 포옹하는 방법과 똑같은 행동을 한다. 오징어는 문어와 달리 사랑과 분위기를 안다.

오징어의 호적상 이름은 '오적어烏賊魚'라고 정약전 선생이 저술한 『자산어보』에 실려 있다. 그들의 선조들은 먹이를 찾아 바다로 날아오는 까마귀를 순식간에 휘감아 물속에서 먹어 치웠다고 한다. 까마귀를 해치는 도적이란 뜻으로 붙여진 이름이다. 고대 전쟁 영웅의 신화에 나올 법한 이야기지만 그냥 재미로 적어 놓은 기록은 아닐 것이다.

문어文魚의 이름에는 글월 '문文'자가 붙어 있다. 실제 문어는 지능이 높고 먹물을 이용한 위기탈출 능력도 뛰어나다. 글깨나 읽은 지식인들의 상징인 '먹물'을 잘 활용한다는 의미에서 '文'자를 붙여 주었다. 문학적 생선이다.

오징어의 이름에는 문어처럼 좋은 의미는 없다. 다만 조선 후기의 여류학자, '빙허각憑虛閣 이씨'가 편찬한 가정백과사전, 『규합총서閨閤叢書』에는 '오징어의 먹물로 글씨를 쓰고 해가 바뀌면 빛이 없어져 빈 종이가 된다. 하므로 헛맹세를 서계오적묵誓戒烏賊墨이라 한다.'는 내용이 나온다. 비록 비밀문서나 거짓 서약서를 작성할 때 오징어 먹물을 사용했지만 그래도 문학적 의의는 있다.

오징어는 가격이 저렴해 서민들이 무척 좋아하는 생선이다. 지갑이 가벼운 아저씨들은 포장집에서 오징어무침을, 젊은 연인들은 오징어순대를 안주 삼아 소주를 마시며 허기진 배를 채운다. 오징어가 고급 식당이나 뷔페의 꽃이 그려진 접시에는 감히 올라가지 못하지만 학교와 군대 같은 단체 급식에는 빠지지 않는다. 비록 죽음이야 어설펐지만, 서민들로부터 과분한 사랑을 받고 있다. 더는 신세타령도 하지 않는다. 뒤돌아보지 않고 오직 앞만 보고 달려온 결과인지도 모르겠다.

오징어는 변화를 두려워하지 않는다. 한때 사람들은 바다가 보이는 동해남부선을 타고 가면서, 야구장에서 고함을 지르면서, 연인과 손을 잡고 영화를 보면서 오징어를 즐겨 먹었다. 그 자리를 팝콘이나 햄버거, 치킨 같은 식품이 차지했다는 아쉬움은 있다. 하지만 오징어는 구이와 꼬치, 짬뽕과 같은 새로운 먹거리의 재료로 변신하는 데 성공했다. 시대의 흐름에 발을 맞추기 위해 지속적인 노력을 한다. 아무리 똑똑하고 잘생긴 사람도 변화와 개혁을 두려워하면 오래 살아남을 수 없다.

오징어는 오늘 저녁에도 먹거리 전선으로 나가야 한다. 아이들의 간식으로, 가정의 반찬으로, 술집의 안주로 종횡무진 뛰어다닌다. 자신의 육체를 초개처럼 던져 미식가들의 건강하고 즐거운 삶에 헌신한다. 그렇다고 무슨 욕심이나 수산업 관련 단체로부터 표창장을 받고 싶은 마음은 없다. 오징어 축제가 해마다 열리는 울릉도 도동항 포구에 작은 위령탑 하나 세워 달라고 요구하지도 않는다. 그저 미식가들이 오징어를 먹으며 '맛있다!'고 내뱉는 말 한마디를 듣고 싶을 뿐이다.

저승길에 오르는 오징어 혼령들이 잘 살고 간다며 두 팔을 흔들고 있다.

고등어

가게마다 인산인해다. 상인들의 손놀림과 손님들의 발걸음이 분주하다. 가격을 흥정하고 덤을 챙기려는 소리가 정겹게 들린다. 이곳 '기장시장'에는 인근 해녀들이나 어부들이 직접 잡은 해산물이 많이 거래되고 있다. 특히 전어와 갈치, 대게와 고등어가 제철을 맞으면 시장통은 발 디딜 틈조차 없다.

가끔 광안리를 출발점으로 해운대와 송정을 거쳐 일광해수욕장까지, 약 30㎞의 해안가를 따라 드라이브를 간다. 차창 사이로 밀려오는 바닷바람으로 기분을 전환한 후, 돌아오는 길에 들르는 기장시장은 당일 외출의 마지막 코스다. 시장에서 무엇을 사야겠다고 마음먹은 찬거리가 없어도 이것저것 구경하면서 한 바퀴 돌고 오면 더 열심히 살아야겠다는 의욕이 생긴다.

주말의 시장은 입구부터 북적거린다. 멀찍이 간판만 보이는 생선가게는 점포를 뱅 에워싸고 줄까지 길게 선 행렬 때문에 무엇을 파는지 알 수가 없다. 미꾸라지가 무성한 수초를 빠져나가듯 요리조리 몸을 움직여 가게 앞에 다다랐다.

'우와! 고등어다.'

높이 1m 정도의 대야 세 개에 어른 팔뚝만 한 싱싱한 고등어가 가득하다. 어부 출신인 듯한 50대 남자가 콧노래를 흥얼거리며 고등어를 손질한다. 칼 솜씨가 예사롭지 않다. 찌개용은 토막을 내고, 구이용은 배를 가르고 뼈를 추린 후, 수돗물에 씻어 소금을 뿌린 다음 봉지에 담아준다. 30분 넘게 기다렸다가 고등어가 담긴 까만 봉지를 들고 가는 손님들의 표정에서 만족감과 행복감이 넘쳐흐른다. 갑자기 고등어 요리를 먹고 싶은 마음에 뒤로 가서 줄을 섰다.

순서를 기다리며 지금 도마 위에서 난도질을 당하고 있는 고등어의 삶을 추적해 본다. 내가 조금 전 드라이브를 하면서 즐거움을 만끽했듯이 그들도 태평양과 한반도의 푸른 바다를 힘차게 헤엄쳐 다니면서 자유를 마음껏 누렸다. 생존과 종족번식이라는 의지를 이루기 위해 열심히 살았다. 해수면 가까이 살면서 하늘에서 날아오는 새떼들의 공습을 피할 수 있도록 등 부분은 바다색과 비슷한 푸른색으로, 바닷속 포식자가 올려다보면 수면의 색과 같아 보이도록 배 부분은 흰색으로 변신했다. 그런 안전장치에 의지하여 계절을 따라 이동하는 유목민처럼 생활한다.

약자들의 소망이 강자들에 의해 쉽게 무너지듯이 고등어도 약육강식의 법칙을 벗어날 수 없다. 어군탐지선 한 척과 그물배라 부르는 본선 두 척, 운반선 두 척으로 구성된 대형선망어업의 합동작전에 걸려든 수천 마리의 고등어 부족은 하루아침에 모든 걸 접어야만 한다. 혹시나 하는 생각으로 급하게 탈출을 시도해 보지만 어림도 없다. 진공청소기처럼 생긴 '피시 펌프(fish pump)'는 순식간에 빨아들인 고등어와 바닷물을 운반선의 냉동 창고로 뱉어낸다. 그것으로 끝이다.

뭍에 올라온 고등어는 낯설고 물선 어시장에서 제2의 삶을 출발한다. 선별된 고등어들이 땅 멀미를 한 듯 생선 궤짝에 아무렇게나 널브러져 있다. 냉동차에 실려 서울로 가든, 식품공장의 깡통에 들어가 통조림이 되든, 동네 싸구려 포장집의 안주가 되든 선택권도, 의미도 없다. 고향 냄새가 물씬 풍기는 소금과 시원한 얼음이라도 듬뿍 뿌려 주길 바랄 뿐이다.

나의 차례가 왔다. 고등어의 두 번째 죽음을 목격하는 손님들은 숙연한 표정이지만 주인은 관람객이 많아 신이 났고, 그의 아내는 들어오는 돈을 주체할 수 없어 웃음꽃이 만발했다. 시퍼렇게 날이 선 칼을 들고 단박에 대가리를 내려치는 주인이

망나니처럼 보인다. 골발骨拔작업을 당하는 고등어는 하얀 수증기와 비린내, 피를 뿜어내며 참수형을 연출한다. 온몸이 토막 나는 고통을 운명으로 받아들인 고등어는 꼬리조차 흔들림이 없다. 주검의 경험에서 나오는 품위와 의연함이 돋보인다.

작년, 고등어는 오징어와 갈치를 밀어내고 '국민 생선'의 반열에 올랐지만, 또 다른 아픔이 있다. 고등어는 등이 높다고 붙여진 이름이다. 정약전은 파란 무늬 생선을 보고 자산어보에 '벽문어碧紋漁'로, 동국여지승람에는 칼 모양과 같다 해서 '고도어高刀漁'라는 호칭을 부여했지만, 현재 '고등'이란 2음절의 한자표기는 없다. '역사를 잊어버린 민족에게는 미래가 없다.'는 말처럼 호적을 잊어버린 고등어의 미래가 오징어처럼 어획량이 줄어들고, 명태처럼 씨가 마르지는 않을까 걱정이다.

집에 도착하여 고등어를 한 번 더 씻은 후 조림을 준비한다. 고등어의 마지막 주검을 직접 거두어들여야 한다. 경건하게 보내주고 싶다. 폭신한 무를 바닥에 깔고 고등어를 조심스럽게 넣는다. 대파와 양파, 홍고추를 예쁘게 썰어 꽃가루처럼 뿌리고, 붉은 양념장을 만들어 마지막 화장을 시킨다. 가스 불을 중간쯤에 조절해 놓고 조용히 기다린다. 지금까지 아무 불평 없이 죽음을 받아들였던 고등어가 바글바글 소리까지 내며 최후의 눈물을 흘린다.

고등어로 만든 조림과 찌개, 구이는 누가 하든 다 맛있다. 어머니가 만들어 준 고등어조림은 굶주림을 달래주었고, 누나가 끓여준 찌개에는 막냇동생에 대한 사랑이 있었고, 최루탄 가스와 곤봉을 피해 숨어들었던 포장집 할머니의 고갈비에는 청춘과 우정이 있었다. 아내는 자반고등어를 구우면서 가족의 건강과 자식들의 성공을 기원했고, 지금 내가 끓이는 요리에는 고등어에 대한 연민의 정을 고명으로 올렸다.

고등어는 남녀노소 누구나 좋아하는 생선이다. 언제 어디서나 부담 없이 접할 수 있고, 맛 또한 예나 지금이나 변함이 없다. 고등어처럼 한결같은 친구가 한 명만 있어도 세상의 삶이 그렇게 팍팍하지만은 않을 것이다.

예쁜 접시 위에 마지막 남은 그들의 분신에서 환영幻影이 보인다. 저 멀리 태평양에서 힘차게 헤엄쳐 오고 있는 '高等魚'에게 경의를 표한다.

미역국을 끓이며

음식에 대한 호불호는 사람마다 다르다. 불고기와 김밥은 두루 인기가 좋은 편이지만 청국장과 홍어는 그렇지 않다. 김치와 닭고기를 안 먹거나, 바닷가에 살면서 생선회를 못 먹거나, 돼지고기를 먹으면 알레르기 반응을 나타내는 사람도 있다. 내가 좋아한다고, 건강에 좋다고 특정 음식을 억지로 권하는 것은 상대방의 선택권을 무시하는 행위다. 식습관은 각자의 개성이고 하나의 문화다.

시대의 흐름에 따라 문화와 함께 사람들의 식성도 바뀐다. 우리나라 젊은이들은 몇십 년 전만 해도 상상하기 힘들었던 햄버거와 피자를 즐겨 먹는다. 외국에서는 가축의 사료로만 생각했던 김과 미역 같은 해조류를 영양이 풍부하고 면역력을 증가시켜주는 식품으로 재조명하기 시작했다. 나도 청국장과 뭇국, 홍어와 과메기를 젊을 때는 싫어했지만 지금은 없어서 못 먹을 형편이다. 어린 시절, 보는 것조차 거북스러웠던 시커먼 미역국을 지금은 직접 끓여 먹을 정도로 선호하는 음식이 되었다.

난생처음 만든 음식은 미역국이다. 아내가 첫아이를 출산한 당일 오후, 집으로 퇴원했다. 당시에는 몸조리할 수 있는 산후조리원이 없었고 산모도우미를 별도로 구할 형편도 아니었다. 시장에서 장사한다고 바쁜 형수가 내장과 비늘이 제거된 도다리와 마른미역 한 봉지를 사 들고 왔다. 나에게 미역국을 끓이는 요령을 설명해주고는 그냥 가버렸다. 앞이 캄캄했지만, 아내를 위해 끓여야만 했다.

형수에게 들은 레시피를 떠올리고, 침대에 누워있는 아내에게 묻고 또 물어서 도다리 미역국을 끓였다. 너무 오래된 일이라 정확하게 기억할 수 없지만, 미역과 도다리를 깨끗하게 손질하고 들기름을 부어, 볶고 끓이면서 열성을 다한 것 같다. 김이 모락모락 나는 미역국을 커다란 대접에 남실하게 담아 아내에게 상을 차려주었다. 두세 숟갈 떠먹던 아내의 표정이 밝아졌다. "간이 딱 맞고 너무 맛있어요." 아내의 반응에 하늘로 날아갈 것 같았다. 일주일 내내 미역국만 데워 같이 먹었다. 지금도 아내는 가끔 그때 먹었던 미역국 이야기를 한다.

그 후로 아내와 애들의 생일은 물론 내 생일 때도 미역국을 직접 끓여 먹은 적이 몇 번 있다. 잘하는 건 아니지만 맛있다고 칭찬을 들으니 우쭐한 기분이 들었다. 소고기나 조개류를 넣고 끓일 때도 있지만 도다리나 가자미를 넣은 생선 미역국을 더 좋아한다. 한층 더 시원하고 깊은 맛을 느낄 수 있다. 몇 년 전, 동해안의 7번 국도를 따라 여행을 자주 다닐 때, '감포항' 인근 식당에서 가자미 미역국을 몇 번 사 먹었다. 바다를 보면서 생선 미역국을 먹는 맛은 용왕의 수라상이 부럽지 않을 정도였다.

미역은 우리나라와 일본, 중국에서 국이나 냉국, 무침, 볶음, 쌈 등으로 다양하게 요리되어 식용된다. 식이섬유와 칼슘, 철분과 요오드 등이 풍부하여 신진대사를 활발하게 하고 변비와 비만 예방에 탁월한 효과가 있다고 전문가들은 언급한다. 특히 출산 후에 먹으면 회복에 좋은 음식이다. 고래가 미역 서식지에서 출산한 후, 미역을 많이 먹는다는 사실을 인지하면서 산모들의 산후조리용 음식으로 삼칠일 동안 미역국을 먹는 풍습이 생겼다는 이야기가 전해져 내려온다.

미역국을 끓일 때 가장 큰 고민거리는 1인분이 어느 정도인지를 측정하는 문제다. 라면 한 봉지의 무게는 대략 120g 정도다. 마른미역 50g짜리 작은 봉지 하나를 사면 20인분이라 적혀 있다. 미역 1인분은 2.5g이란 의미다. 미역을 라면처럼 생각해 듬뿍 집어 냄비에 넣고 끓이면 미역 귀신들이 빠르게 자라면서 냄비를 뚫고 나와 가스레인지를 집어삼킬지도 모른다. 자른

미역을 주방 저울로 측정하든지, 어른 밥숟가락으로 한 숟가락 정도 뜨면 대충 1인분이 된다.

요즘 생일 밥상도 외식으로 해결하고 미역국만 전문으로 취급하는 음식점이 많이 생겼다. 특별히 미역국을 끓일 일이 없지만, 가끔 먹고 싶을 때가 있다. 주방 수납장에서 마른미역 봉지를 끄집어낸다. 아내와 함께 두 끼를 먹을 수 있는 4인분이면 충분하다. 아무리 맛있는 음식이라도 자주 먹으면 질린다.

미역을 찬물에 불린 후, 뽀얀 거품이 나오지 않을 때까지 찌든 빨래 빨 듯 빡빡 문질러 헹구기를 몇 번 반복한다. 미역 특유의 쓴맛을 제거하고 식감을 부드럽게 만들기 위함이다. '생선 미역국'은 생선의 신선도와 깔끔한 손질 여부에 따라 비린내의 유무가 좌우된다. 생선과 미역 중 무엇을 먼저 끓일지는 중요하지 않다. 미역국은 오래 끓일수록 깊은 맛이 나기 때문에 한소끔 끓인 후 약한 불로 조려주는 것도 빠트릴 수 없는 포인트다.

미역국이 팔팔 끓기를 기다리던 중, 최근에 불거진 영유아 관련 뉴스가 떠오른다. 출생신고가 되지 않은 영유아가 냉장고에서, 쓰레기장에서, 야산에서 사망한 채 발견되는 사건이 빈번하게 일어난다. 베이비박스에 버려지는 영아들의 숫자가 증가하고, 온라인에서 40만~100만 원에 사고 팔린 신생아들도 제법 있다고 한다. 순간의 기쁨과 쾌락 뒤에는 커다란 의무가 뒤따른다는 것을 몰랐을까. 덥석 아이를 만들고 출산에 책임지지 않는 세태가 큰 문제다. 힘든 해산과 탄생을 챙겨주고 보듬어주는 법적 제도적 장치가 필요한 시점이다. 출산을 축하해 주고 따뜻한 미역국 한 그릇 나누어 먹을 수 있는 분위기가 하루빨리 조성되기를 바라는 마음이다.

가끔 해운대와 송정해수욕장을 지나 대변과 일광 방향으로 드라이브를 간다. 미역이 제철인 2월경에 대변항을 지나가면 갓 따온 생미역을 부둣가에서 판다. 10년 전에는 3천 원을, 작년에는 만 원을 주고 한 자루 가득 사 왔다. 잎은 무치고 줄기와 귀는 데쳐서 초장에 찍어 소주 안주로 곁들이면 짭조름한 바다를 먹는 기분이다. 생미역을 베란다 빨래걸이에 이삼일 말리면 마른미역이 된다. 옆집에 나누어주고도 몇 달 치 반찬으로 충분하다.

우리나라의 출산율은 세계에서 꼴찌 수준이다. 아이의 울음소리가 전국 방방곡곡에 울려 퍼지고, 미역국 끓이는 냄새가 온 동네를 진동시켰으면 좋겠다.

미역국을 먹는다는 것은 누군가의 축복을 먹는 것이다.

숙성된 홍어

영화나 드라마가 음식 문화를 선도하기도 한다. 대표적으로 〈기생충〉이 국제영화제에서 수상을 휩쓸면서 전 세계에 '짜파구리' 열풍을 불러일으켰다. 이어 인터넷을 이용한 영상 서비스, OTT(Over The Top)를 통해 볼 수 있었던 드라마, 〈오징어 게임〉에 '달고나'와 〈수리남〉에 '홍어'가 등장하면서 색다른 음식으로 주목받고 있다. 음식도 시대와 문화에 따라 유행이 바뀐다.

홍어를 음식으로 먹는 국가는 우리나라를 비롯한 동남아 몇 개국에 불과하다. 유대 문화권에서 비늘이 없는 생선은 종교적 · 관습적으로 먹지 않는다. 특히 서양에서 삭힌 홍어는 '몬도가네'처럼 괴상한 음식으로 취급받는다. 그나마 북유럽의 섬

나라 아이슬란드에서 보관 중인 홍어를 먹는데, 그것도 1년에 한 번, 크리스마스 축제 기간에 일부 어른들만 먹는다고 한다.

홍어는 주로 바다 밑바닥에서 홀로 서식하기 때문에 선장의 경험과 감, 그 날의 운에 따라 포획량이 천차만별이다. 운수가 나쁘면 한 마리도 못 잡고, 행운이 따르면 200마리 이상 잡기도 한다. 주로 서해안에서 잡히는 홍어는 현장에서 바로 완판되어 마니아들조차 산지나 고급 식당을 찾아가야만 국산 홍어 맛을 즐길 수 있다. 우리가 먹는 홍어 물량의 99%는 칠레산 냉동 홍어다. 그것도 부족해 아르헨티나와 페루산까지 수입하고 있다. 독특한 맛을 즐기려는 애호가가 점점 늘어나는 추세다.

나는 이상한 냄새가 나는 홍어를 싫어했다. 50대 초반, 절친을 따라 홍어집에 처음 갔다. 가게에 들어서자마자 숨이 턱 막혔으나 빈자리가 없을 정도로 가득 메운 손님들을 보면서 홍어 미식가들이 의외로 많다는 생각이 들었다. 친구는 나를 위해 팍 삭힌 홍어 대신 순한 맛을 주문했다. 무침과 튀김이 함께 나왔다. 애주가의 자부심과 친구의 성의를 생각해, 꾹 참고 다양한 요리를 경험했다. 암모니아 냄새는 답답한 코를 뻥 뚫어주었다. 입에서 연기가 나오는 것 같아 정신이 번쩍 들었다. 계속 먹으면서 내 몸은 빠르게 적응해 나갔다. 시끌벅적한 분위기에 청춘들의 웃음소리가 정겹게 들려왔고, 그들과 함께 한다는 동질감마저 들었다.

일주일이 지났다. 이상하게 홍어 냄새가 몹시 그리워졌다. 친구에게 연락해 다시 그 집에서 만났다. 이전보다 진한 요리를 먹었다. 지금 그 친구를 만날 때면 내가 단골로 정해 놓은 홍어 전문점으로 간다. 시내에 홍어 요리를 파는 곳은 몇 군데 없지만 가게는 연일 만원이다.

오십 대 중반, 친구들과 목포항에서 유람선에 몸을 실었다. 산과 바다가 푸르다 못해 검게 보인다는 흑산도의 경관과 해질녘 섬 전체가 붉게 물드는 홍도의 절경을 보기 위해 1박을 했다. 흑산도는 어딜 가나 홍어 천지다. 선착장에 도착하면 제일 먼저 홍어 모양의 표지석이 보인다. 부둣가와 마당에서 나름의 방식으로 삭히고 말리는 풍경도 눈에 띈다. 식당마다 상호는 다르지만 하나같이 홍어회 전문이란 문구가 적혀있다. 미세한 바람에도 홍어 냄새가 실려 온다. 흑산도 고유의 냄새다.

흑산도 볼거리 중 정약전과 최익현의 유배지, 가수 이미자가 부른 「흑산도 아가씨」 기념비, '12굽이' 도로는 꼭 둘러보아야 할 명소다. 홍어가 알려지기 이전, 1960년대까지 흑산도는 전국에서 몰려든 상인과 어선으로 불야성을 이뤘다. 고래와 조기, 고등어 파시가 철따라 열렸다고 한다. 지금도 '고래공원'이 잘 조성되어 있어 사람과 돈이 모였을 당시의 상황을 짐작할 수 있게 해준다.

여행할 때는 진귀한 풍경의 관람도 좋지만, 식도락이 우선이다. 저녁 밥상은 홍어 요리로 가득 채워졌다. 뱃살과 뽈살,

꼬리살에 순두부처럼 입에서 사르르 녹아내리는 홍어애와 간까지 올라왔다. 주인아주머니는 삭힌 홍어를 기준으로 '일 물코, 이 날개, 삼 꼬리' 순으로 독하고 맛있다고 알려준다. 홍어는 톡 쏘는 맛이 강해 탁주처럼 부드럽고 순한 술이 어울린다. 홍어에 탁주를 곁들여 마시는 것을 '홍탁'이라 하고, 삶은 돼지고기와 묵은지를 삭힌 홍어와 함께 먹는 것을 '홍어삼합'이나 '홍어삼탁'이라 부른다. 향과 맛과 술이 어우러진 분위기에 취해 잠자리에 들었다.

냉장고에 보관 중인 음식이 발효되기도 하지만 가끔 부패할 때도 있다. 발효와 부패는 똑같이 미생물이 유기물을 분해하는 과정이나 그 결과물을 의미한다. 간장이나 된장처럼 그 결과가 사람에게 이로우면 발효라 한다. 품질이 변해 먹을 수 없는 경우, 단백질이 상한 것은 부패, 지방이 나쁘게 변질된 것은 산패라고 말한다. 이런 음식을 먹으면 식중독에 걸릴 수 있어 주의가 필요하다.

사람들이 일반 생선을 먹을 때 싱싱한 회를 선호하지만, 홍어를 먹을 때는 회보다 삭힌 것을 좋아한다. 삭힌다는 것은 발효시킨다는 의미다. 홍어와 가오리, 상어, 등은 뼈가 연하고 물러서 '연골어류'라 한다. 연골어류는 다른 생선과 달리 체내에 화학물질인 '요소尿素' 성분을 보관하고 있다. 숨통이 끊어지면 몸속에 있던 요소가 암모니아와 이산화탄소로 분해되는 과정에서 부패가 아닌 발효가 이루어진다. 홍어를 아무렇게 내팽개쳐 놓는다고 발효가 되는 것은 아니다. 어떤 음식이든 만드는 방법과 요령이 필요하다. 발효된 음식은 숙성 기간을 거쳐야 본연의 가치를 제대로 평가받는다. 홍어도 숙성도에 따라 가격 차이가 크게 난다.

사람의 숙성 기간은 언제일까. 공자가 말한 '이순耳順', 아무리 역한 소리를 들어도 순화시킬 수 있는 나이 60이 진정한 어른이 되는 시기이고, 그 이후는 숙성 기간일 것이다. 나는 숙성 기간을 5년이나 넘겼지만, 주변의 간섭이나 참견이 마음에 들지 않으면 아직도 화를 낸다. 나이 많다고 큰소리만 치고 있으니 몇 년이 더 지나야 성숙해질지 모르겠다.

홍어는 호불호가 확연히 구분되는 생선이다. 싫어하는 사람에게는 홍어의 단점만, 좋아하는 사람에게는 장점만 보인다. 나의 이기적이고 옹졸한 기준으로 판단하여 미워하는 사람이 있는 반면에, 나를 피하려는 사람도 있다. 내가 홍어를 보듯, 다른 사람의 단점보다 장점을 더 크게 볼 수 있는 마음의 눈을 가진다면, 상대도 나를 반겨주지 않을까 생각해본다.

나이가 들수록 특별한 냄새가 나는 음식이 좋아진다. 홍어처럼 멋지게 숙성된 사람과 홍탁을 먹으며 따뜻한 이야기를 나눌 수 있으면 좋겠다.

나의 주치의

형제들 모두 술을 잘 마신다. 술을 좋아하던 아버지와 약주를 즐겼던 어머니의 식성을 그대로 이어받았다. 매형과 형수, 아내는 술을 못 마신다. 여섯 명의 조카들과 두 명의 아들은 술을 좋아하지 않아, 누나와 형, 나에게 술 좀 적게 먹으라는 볼멘소리를 자주 한다. '멘델의 유전 법칙'에 따라 우성과 열성을 따져보기는 힘들지만 내가 애주가라는 사실은 확실하다.

술을 좋아하지만, 특별하게 해장국을 찾지는 않는다. 힘차게 건배를 하며 첫 잔을 비운다. 화기애애해진 분위기에서 안주를 맛있게 먹으며 평소보다 대화를 많이 나눈다. 좌석이 끝날 때까지 서로를 격려하고 다독거리다 보면 얼굴 붉힐 일도 없고 빨리 취하지도 않는다. 진정한 애주가는 술을 애인처럼 애지중지 아끼고, 술의 필요성과 고마움을 아는 술꾼이다. 가끔 과음하고 아침에 일어나, 전날 술을 제법 마셨는데 왜 나의 몸에는 이상이 없는지 자문해 본다. 타고난 체질도 있지만, 평소에 먹는 음식이 중요하다는 생각을 한다.

'음식飮食'은 한자 뜻 그대로 사람이 마시고 먹는 것을 통틀어 이르는 말이다. '음식의 역사는 곧 인류의 역사다.'라는 말이 있듯이 남녀노소, 빈부귀천 구별 없이 누구나 먹어야 한다. 먹고 살기 위해 전쟁도 감수한다. 음식의 종류는 수없이 많고, 요리방법은 천차만별이고, 선호하는 음식도 사람의 입맛에 따라 제각각이다. 어떤 음식을 먹느냐에 따라 개인의 몸과 마음, 생각이 달라질 수 있다. 나는 지금까지 어떤 음식을 먹고 살아왔는지 되새김해 본다.

고향이 인삼으로 잘 알려진 충남 금산이다. 우리 집은 방앗간과 인삼밭을 소유한 부자였으나, 내가 태어났을 땐 허름한 집 한 채뿐이었다. 아버지는 여전히 과거의 환상에 묶여있었고 어머니는 빈곤을 이겨내려고 품팔이를 하셨다. 가난해도 인삼은 많이 먹었다. 어머니가 품삯으로 받은 인삼 뿌리를 반찬으로 해주었고, 주워 먹고 얻어먹을 수 있는 게 흔해 빠진 인삼밖에 없었다. 허기를 면하려고 동네 형들과 함께 미꾸라지와 개구리, 참새와 메뚜기를 잡아먹었다. 살기 위해 무엇이든 먹어야 했다.

갑작스레 따뜻한 남쪽 도시로 이사를 했다. 가족을 건사하기 위해 전국을 돌며 인삼 행상을 하던 어머니가 인심이 좋다는 경남 마산에 정착하셨다. 어머니는 노점에서 고구마와 감자, 연뿌리와 갯고둥을 삶아 파셨다. 우리 집 형편은 어려웠으나 굶주리지는 않았다. 팔던 음식의 때깔이나 모양이 변한 것, 팔다가 남은 것은 가족들이 먹어 치워야만 했다. 그때는 그런 음식을 먹는 게 지겨웠는데, 지금 생각하니 몸에 좋은 영양식을 많이 먹었다는 생각이 든다.

어머니는 타고난 장사꾼이셨다. 내가 중학교 다닐 무렵, 어머니가 시장으로 내려가 과일 장사를 시작하면서부터 남에게 아쉬운 소리는 하지 않았다. 과일 집 아들은 사시사철 나는 과일을 실컷 먹는다. 흠집이 생겼거나 벌레가 먹은 자국이 있거나 수분이 빠져 쪼그라진 사과와 배, 포도와 밀감, 등을 원도 한도 없이 먹었다. 탐스럽고 때깔 좋은 온전한 과일을 먹고 싶을 때도 있었지만 흠이 있는 과일이 더 맛있을 거라고 위안하며 아무런 불만 없이 먹었다.

군대에서 짬밥과 건빵이 기본 식량이지만 가끔 특별한 음식을 접할 때도 있다. 졸병 때, 양고기가 자주 나와 얼음을 깨고 십여 개의 플라스틱 식판을 닦으며 손이 얼어 터진 적도 있다. 가끔 가마솥에 끓여 나오는 푹 퍼진 라면은 별미였다. 시골 출신 병사들이 야산에서 잡은 뱀과 꿩, 토끼를 벙커에 숨어 몰래 요리해 먹을 때는 몸보신한다는 생각까지 들었다. 국군의날이나 크리스마스이브에 나오는 특식, '종합선물세트'를 받으면 비스킷과 초콜릿, 젤리를 한꺼번에 먹을 수 있어 참 좋았다. 그때는 무엇이든 다 맛있었다.

직장생활하면서 나의 몸에 많은 영향을 끼친 동료를 만났다. 친구처럼 지내던 '김 선생'은 미식가이면서 음식 솜씨가 요리사 못지않았다. 방학 때마다 그의 부모가 계시는 청도군 운문면에 가면, 그는 옻닭이나 염소탕, 추어탕, 다슬기탕을 직접 끓여주었다. 그의 부친이 농사지은 대추와 감, 두릅과 오디도 해마다 얻어먹었다. 게다가 그는 생선회를 무척 좋아했다. 나는 회를 그다지 좋아하지 않았으나 20년 넘게 그와 함께 술을 마신 결과, 지금은 안주 중에서 회를 1번으로 꼽는다.

지금까지 건강을 유지할 수 있었던 가장 큰 비결은 처가가 농사짓는 시골이라는 것이다. 된장과 고추장, 갖은 양념과 김치는 물론이고 각종 나물까지 장인 장모님이 농사지은 신토불이 음식을 기본으로 먹고 있다. 결혼한 지 40년이 넘었지만, 도라지와 더덕, 매실과 돌복숭, 등의 담금주가 한 번도 떨어지지 않았다. 심지어 마시는 물도 오가피와 헛개나무, 엄나무와 둥굴레, 등의 약재를 넣어 끓여 먹고 있으니 별도의 건강 보조식품이 필요 없다. 이제 처가는 농사를 짓지 않는다. 큰 걱정이다.

TV마다 요리 관련 프로그램을 앞다투어 방영한다. 가끔 치즈 비빔밥, 라이스 피자, 명란젓 파스타, 카레 빵, 등과 같은 퓨전식이 소개되기도 한다. 세계화 추세에 따라 식생활에도 많은 변화가 일어나고 있지만, 음식은 맛과 건강이 중요하다는 사실은 바뀔 수 없다. 가격도 빼놓을 수 없는 요소다. 다년간 직접 요리를 해 본 경험에 의하면 가격대비 맛과 영양이 풍부한 먹거리는 제철 음식이다. 싸고 신선한 제철 음식이 자신의 체질에 맞으면 그 음식이 바로 약선음식이다.

아직 나에게는 모든 음식이 약이다. 조금 아픈 곳이 있어도 병원에 가지 않는다. 병원에 자주 다니는 아내는 건강한 사람이 한번 쓰러지면 다시 못 일어나는 경우가 많다며, "무병단명, 유병장수"라는 말까지 덧붙인다. 피식 웃고 넘어간다. 하루아침에 식습관을 바꾸기는 어렵다. 나의 입맛과 몸이 허락하는 한 친구들을 만나 술잔을 기울이며 살아가는 이야기를 나누고 싶다.

튼튼한 체질을 물려준 부모님, 보약 같은 음식을 만들어준 아내, 즐겁게 술좌석을 함께한 모든 분에게 감사한 마음이다. 그들은 어떤 명의보다 확실한 나의 주치의다.

■ 연보

1957 충남 금산군 부리면 출생

1965 경남 마산 중성동 이사

1971 마산 성호초등학교 졸업

1974 마산중학교 졸업

1977 창원 경상고등학교 졸업

1981 육군 병장 만기 제대

1985 창원대학교 무역학과 졸업

1985 부산 이사(초량, 사하, 광안리 거주)

2010 고등학교 컴퓨터 교사 명예퇴직(25년)

-국무총리 표창. 교육감상 수상

2011 편의점, 단말기 회사 근무

2012~2014 알파문구 근무

2014 부경대학교 평생교육원 수필반 입문

2015 ≪수필과비평≫ 신인상 수상

2016 경북문화체험 전국수필대전 입상

2017 부산문화재단 창작지원금 수혜

2017 수필집 『꽃놀이패』 출간

2018 제5회 금샘문학상 수필부문 대상

2018 수영문화예술문인회 편집국장

2019 수영문화예술문인회 우수작가상
2019 부산문화재단 창작지원금 수혜
2019 수필집 『산복도로 계단』 출간
2019 부산수필문인협회 사무국장(3년)
2020 부산수필과비평작가회 감사(2년)
2020 ≪수필과비평≫ 올해의 수필 10선 선정
2020 ≪문학도시≫ 이달의 작가 선정(10월)
2020 The 수필, 빛나는 수필가 60 선정
2020 제5회 玄石 김병규수필문학상 수상
2021 제8회 경북일보 청송객주 문학대전 입상
2021 제12회 부산수필가문학상 수상
2022 부산수필문인협회 감사(3년)
2022 부산문화재단 창작지원금 수혜
2022 수필집 『두루미를 날려 보내며』 출간
2022 제27회 수필과비평 신곡문학상 본상
2023 아르코 문학창작기금 발간지원금 수혜
2023 수필집 『레시피 없는 요리 수필』 출간
2024 부경수필문인협회 정보국장(7년)
2024 수필 선집 『꽃산 두레』 출간

【문단활동】

부산광역시문인협회, 수필과비평작가회의, 부산수필과비평작가회, 부산수필문인협회, 부경수필문인협회, 수영문화

예술문인회 회원.

【저서】

수필집 『꽃놀이패』(2017) 『산복도로 계단』(2019) 『두루미를 날려 보내며』(2022) 『레시피 없는 요리 수필』(2023)

수필 선집 『꽃산 두레』(2024)

현대수필가 100인선 Ⅱ· 97
양희용 수필선

꽃산 두레

초판인쇄 | 2024년 5월 30일
초판발행 | 2024년 6월 07일

지은이 | 양 희 용
펴낸이 | 서 정 환
펴낸곳 | 수필과비평사 · 좋은수필사

주 소 | 서울시 종로구 삼일대로 32길 36.
(익선동 30-6)운현신화타워 305호
전 화 | 02)3675-5635, 010-3231-4002
등 록 | 제300-2013-133호
홈페이지 | http://www.shinapub.com
e-mail | essay321@hanmail.net

값 10,000원

ISBN 979-11-5933-534-1 04810
ISBN 979-11-85796-15-4 (전 100권)